TÄIELIK PRANTSUSE ÉCLAIRSI JUHEND

Täielik juhend prantsuse Éclairi kodus meisterdamiseks

Urmas Petrov

Autoriõigus materjal ©2024

Kõik õigused kaitstud

Ühtegi selle raamatu osa ei tohi mingil kujul ega vahenditega kasutada ega edastada ilma kirjastaja ja autoriõiguse omaniku nõuetekohase kirjaliku nõusolekuta, välja arvatud ülevaates kasutatud lühikesed tsitaadid. Seda raamatut ei tohiks pidada meditsiiniliste, juriidiliste või muude professionaalsete nõuannete asendajaks.

SISUKORD

SISUKORD **3**

SISSEJUHATUS **7**

PEEGELKLAASIGA KLAASID **8**

    1. Peegelglasuuritud munadeekleerid 9
    2. Galaxy Mirror glasuuritud valge šokolaadi ekleerid 13
    3. Värvilised ekleerid peegelglasuuri ja liivapuruga 16
    4. Peegelglasuuriga valge šokolaadi ekleerid 19
    5. Roosa peegelglasuuriga ekleerid 22
    6. Šokolaadist sarapuupähkli peegelglasuuritud ekleerid 25
    7. Vaarikas Lemon Mirror Glasuuritud Eclairs 28
    8. Kohvikaramelli peegelklaasiga ekleerid 31
    9. Matcha valge šokolaadi peegliga klaasitud ekleerid 34

ŠOKOLAADI ECLAIRS **37**

    10. Karamellšokolaadi ekleerid 38
    11. Šokolaadiekleerid vanillikaste täidisega 40
    12. Šokolaadi Grand Marnier Eclairs 43
    13. Külmutatud šokolaadimündi ekleerid 47
    14. Mini Chocolate Éclairs 51
    15. Jello vaniljepuding Ekleerid 53
    16. Küpsised ja Cream Éclairs 55
    17. Šokolaadi sarapuupähkli ekleerid 58
    18. Mündišokolaadi ekleerid 61
    19. Valge šokolaadi vaarika ekleerid 64
    20. Tume šokolaadiapelsini ekleerid 67
    21. Vürtsikad Mehhiko šokolaadiekleerid 70
    22. Sarapuupähklipralinee šokolaadi ekleerid 73
    23. Crème Brûlée Chocolate Éclairs 76
    24. Gluteenivabad šokolaadiekleerid 79
    25. Šokolaadi- ja soolakaramelli Éclairs 82
    26. Pralineega täidetud šokolaadi Éclairs 85
    27. Šokolaad Pistaatsia Éclairs 88
    28. Chocolate Mousse Éclairs 91

PUHJALISED ECLAIRS ... 94

29. Vaarika-virsikuvahu ekleerid ... 95
30. Oranž Ekleerid ... 99
31. Passion Fruit Eclairs ... 102
32. Täisterast puuviljased ekleerid ... 105
33. Passion Fruit ja Raspberry Éclairs ... 108
34. Maasikad ja koorekleerid ... 112
35. Segamarjade ekleerid ... 115
36. Vaarika ja sidruni besee ekleerid ... 118
37. Vaarika ja piimašokolaadi ekleerid ... 121
38. Red Velvet Chocolate Raspberry Eclairs ... 124
39. Banaanikreemi pirukas Eclairs ... 127
40. Maasikakreem Éclairs ... 130
41. Mango Passionfruit Éclairs ... 133
42. Lemon Blueberry Éclairs ... 136
43. Vaarika mandli Éclairs ... 139
44. Ananassi kookospähkli Éclairs ... 142
45. Marja- ja sidrunikoore segatud Éclairs ... 145
46. Peach Ginger Éclairs ... 148
47. Blackberry Lemon Éclairs ... 151
48. Kiwi Coconut Éclairs ... 154

PÄHKLID KLAIRID ... 157

49. Šokolaadi-mandli-makarooni ekleerid ... 158
50. Pistaatsia sidruni Éclairs ... 161
51. Vahtraga klaasitud ekleerid, mis on kaetud pähklitega ... 166
52. Vaarikapistaatsia ekleer ... 169
53. Šokolaadi ja sarapuupähkli ekleerid ... 172
54. Maapähklivõi šokolaadi ekleerid ... 175
55. Mandli Praline Éclairs ... 178
56. Walnut Maple Éclairs ... 181
57. Pistaatsiaroos Éclairs ... 184
58. Pekanipähkli karamelli Éclairs ... 187
59. Macadamia valge šokolaadi Éclairs ... 190

VÜRTSITUD ECLAIRS ... 193

60. Maple Pumpkin Eclairs ... 194

61. Cinnamon Spice Éclairs 197
62. Kardemon Éclairs 200
63. Piparkoogid Éclairs 203
64. Muskaatpähkel Infusioon Éclairs 206
65. Chai Latte Éclairs 209
66. Vürtsitud apelsinikoorega Éclairs 212

CANDY ECLAIRS 215

67. Maapähklivõi Cup Eclair 216
68. Soolatud karamelli ekleerid 219
69. S'mores Éclairs 222
70. Piparmündi ekleerid 224
71. Toffee Crunch Éclairs 227
72. Cotton Candy Éclairs 230
73. Rocky Road Éclairs 233
74. Bubblegum Éclairs 236
75. Sour Patch Citrus Éclairs 239
76. Lagritsa armastajad Éclairs 242

KOHVIMAITSED ECLAIRS 245

77. Cappuccino ekleerid 246
78. Tiramisu ekleerid 248
79. Mocha Eclairs 251
80. Espresso Bean Crunch Éclairs 254
81. Iiri kohv Éclairs 257
82. Vanilla Latte Éclairs 260
83. Karamell Macchiato Éclairs 263
84. Sarapuupähklikohv Éclairs 266

JUUSTUD ECLAIRS 269

85. Mustika juustukook Éclair 270
86. Gouda glasuuritud ekleerid 273
87. Raspberry Swirl juustukoogi ekleerid 276
88. Šokolaadi-marmorist juustukoogi ekleerid 279
89. Soolakaramelli juustukoogi ekleer 282
90. Pistaatsia-pralinee-juustukoogi ekleerid 285
91. Kookoskoore-juustukoogi ekleerid 288

92. Maasika-juustukoogi ekleerid 291
93. Sidrunijuustukoogi ekleerid 294

ECLAIR'I INSPPIREERITUD RETSEPTID 297

94. Banaani ekleeri croissant 298
95. Cream Puffs ja Éclairs Ring Cake 300
96. Šokolaadi mandel Croissant Éclairs 302
97. Šokolaad Éclairi batoonid 305
98. Šokolaadi Eclair kook 307
99. Pistaatsia roosi Éclairi kook 309
100. Maple Bacon Éclair Bites 312

KOKKUVÕTE 315

SISSEJUHATUS

Pöörduge "TÄIELIK PRANTSUSE ÉCLAIRSI JUHEND'i" poole, mis on teie põhjalik teekond suurepäraste prantsuse ekleeride valmistamise kunstis mugavalt oma köögis. See juhend tähistab õrna kondiitritoodete täiuslikkust, mis on éclair – põhiline prantsuse maiuspala, mis võlub oma elegantsi ja mõnulikkusega. Liituge meiega kulinaarsel seiklusel, mis avab nende ikooniliste küpsetiste loomise saladused ja toob teie koju Prantsuse kondiitritoodete rafineerituse.

Kujutage ette kööki, mis on täis värskelt küpsetatud ekleeride ahvatlevat aroomi, krõbeda saia sosinat ja mahlaka täidise ootust. "TÄIELIK PRANTSUSE ÉCLAIRSI JUHEND" ei ole lihtsalt retseptide kogum; see on reis choux kondiitritoodete meisterlikkuse, dekadentsete täidiste ja glasuurimise õrna kunsti maailma. Olenemata sellest, kas olete kogenud pagar või kirglik kodukokk, need retseptid ja tehnikad on loodud selleks, et juhendada teid samm-sammult autentsete prantsuse ekleeride loomise protsessis.

Klassikalistest šokolaadiekleeridest kuni leidlike puuviljadega täidetud variatsioonideni ja siidisetest kondiitrikreemi täidistest kuni läikivate glasuurideni – iga retsept tähistab éclairite pakutavat mitmekülgsust ja keerukust. Olenemata sellest, kas korraldate erilist sündmust või lihtsalt igatsete Pariisi elegantsi, on see juhend teie passiks pagarikvaliteediga ekleeride saavutamiseks oma köögis.

Liituge meiega, kui uurime éclairi meisterdamise keerukust, kus iga looming annab tunnistust täpsusest, maitsest ja peenusest, mis iseloomustavad neid ikoonilisi küpsetisi. Niisiis, pange põll selga, võtke omaks chouxi kunst ja asume kulinaarsele teekonnale läbi "TÄIELIK PRANTSUSE ÉCLAIRSI JUHEND".

PEEGELKLAASIGA KLAASID

1.Peegelglasuuritud munadeekleerid

KOOSTISOSAD:
MUNANAHT:
- 100 g piima
- ½ vaniljekaun
- 3 munakollast
- 40 g suhkrut
- 3 ½ lehte (6 g) želatiini
- 150 g munakooki
- 200 g vahukoort
- Tumeda šokolaadi krõmpsuvad pärlid (nt Valrhona[1])

LÜHIKOOR:
- 125 g võid
- 85 g tuhksuhkrut
- 35 g mandleid
- 42 g lahtiklopitud muna (1 väike muna)
- 210g 550 tüüpi jahu
- 1 näputäis soola

GANATHE:
- 65 g koort
- 40 g kaust 70%[1], tükeldatud või pätsikesed
- 26g kate 55%[1], tükeldatud või kuklid
- 120 g külma koort

LÄIKEGASUUR :
- 190 g koort
- 200 g suhkrut
- 70 g vett
- 80 g glükoosisiirupit
- 80 g tumedat küpsetuskakaod
- 6 lehte (16g) želatiini

KOOSTAMINE:
- Tumedad ja pronksised karged pärlid

JUHISED:
MUNANAHT:
a) Leota želatiin jääkülmas vees.
b) Aja väikeses kastrulis piim koos tükeldatud vanillikaunaga keema.
c) Eraldi kausis sega munakollased suhkruga, seejärel lisa segades kuum vaniljepiim.
d) Vala segu tagasi potti ja kuumuta segades 82-85 kraadini Celsiuse järgi.
e) Eemaldage tulelt ja lahustage leotatud želatiin koores, seejärel segage munakook.
f) Kurna segu ja sega hulka vahukoor.
g) Täida ühekordselt kasutatav torukott munanukivahuga ja lõika väike ots ära.
h) Täida Fashion Eclairs'i vormi kümme süvendit poolenisti vahuga, lisa šokolaadikrõmpsuvad pärlid ja kata teise vahukihiga.
i) Silu lahti ja külmuta fooliumiga kaetult.

LÜHIKOOR:
j) Sega tuhksuhkur ja või kreemjaks.
k) Lisa jahvatatud mandlid, sool ja jahu ning sõtku lahtiklopitud munaga ühtlaseks tainaks.
l) Vormi tainas telliskiviks, mässi kilesse ja pane 1 tunniks külmkappi.
m) Kuumuta ahi 180°C-ni.
n) Rulli tainas jahusel pinnal 3 mm paksuseks ja lõika kaasasoleva lõikuriga Fashion Eclairs'i vormist välja kümme kitsast ja kümme laiust riba.
o) Aseta ribad küpsetuspaberiga kaetud ahjuplaadile ja küpseta kuldpruuniks (umbes 12 minutit).
p) Lao krõbedaid muretaignaribasid metallist biskviitvormis järgmise päevani.

GANATHE:
q) Kuumuta 65g koort keemiseni ja kalla see peeneks hakitud šokolaadikattele (või kalletele).
r) Lase minut aega seista, seejärel emulgeeri saumikseriga.
s) Lisa külm koor ja sega korralikult läbi.

t) Kata ganache pind fooliumiga ja hoia üleöö külmkapis.

LÄIKEGASUUR :

u) Leota želatiin.
v) Kuumuta kastrulis suhkur, vesi ja glükoosisiirup 103 kraadini Celsiuse järgi.
w) Sega juurde koor ja sõelutud kakao.
x) Lahusta leotatud želatiin glasuuris ja blenderda saumikseriga.
y) Vala glasuur läbi sõela, kata fooliumiga ja hoia üleöö külmkapis.

KOOSTAMINE:

z) Kuumuta šokolaadiglasuur vedelamiseni.
aa) Eemaldage ekleerid silikoonvormist ja asetage need nõude kohale.
bb) Valage šokolaadipeegelglasuur ekleeridele, tagades, et need on täielikult kaetud.
cc) Kasutage hambaorke, et asetada need ettevaatlikult laiadele muretaigna ribadele.
dd) Vahusta ganache ja torka ekleeridele väikesed täpid.
ee) Kaunista krõbedate pärlitega.
ff) Serveeri kohe pärast sulatamist.

2. Galaxy Mirror glasuuritud valge šokolaadi ekleerid

KOOSTISOSAD:
ECLAIR SHELLIDE KOHTA:
- 150 ml vett
- 75 g soolamata võid
- ¼ teelusikatäit soola
- 150 g universaalset jahu
- 4 suurt muna

GALAXY PEEGELLAASUURI KOHTA:
- 8 lehte (16g) želatiini
- 200 g valget šokolaadi, tükeldatud
- 200 ml magustatud kondenspiima
- 300 g granuleeritud suhkrut
- 150 ml vett
- 150 ml rasket koort
- Geel-toiduvärv (sinine, lilla, roosa ja must)

JUHISED:
ECLAIR SHELLIDE KOHTA:
a) Kuumuta ahi 200°C-ni (390°F) ja vooderda küpsetusplaat küpsetuspaberiga.
b) Sega kastrulis vesi, või ja sool. Kuumuta keskmisel kuumusel, kuni või on sulanud ja segu keeb.
c) Lisa korraga jahu ja sega puulusikaga intensiivselt, kuni segu moodustab palli ja tõmbub panni külgedelt eemale. Selleks peaks kuluma umbes 1-2 minutit.
d) Tõsta tainas segamisnõusse ja lase paar minutit jahtuda.
e) Lisa ükshaaval munad, pärast iga lisamist korralikult segades. Tainas peaks olema ühtlane ja läikiv.
f) Tõsta tainas suure ümara otsaga torukotti.
g) Toruge ettevalmistatud küpsetusplaadile 4-5 tolli pikkused ribad, jättes nende vahele piisavalt ruumi laienemiseks.
h) Küpseta eelkuumutatud ahjus 25-30 minutit või kuni ekleerid on paisunud ja kuldpruunid.
i) Võta ahjust välja ja lase restil täielikult jahtuda.

GALAXY PEEGELLAASUURI KOHTA:
j) Leota želatiinilehti külmas vees, kuni need on pehmenenud.

k) Tõsta kuumakindlasse kaussi tükeldatud valge šokolaad ja magustatud kondenspiim. Kõrvale panema.
l) Sega kastrulis granuleeritud suhkur, vesi ja koor. Kuumuta keskmisel kuumusel segades, kuni suhkur on täielikult lahustunud ja segu keeb.
m) Tõsta kastrul tulelt ja lisa pehmendatud želatiinilehed. Segage, kuni želatiin on täielikult lahustunud.
n) Vala kuum kooresegu valge šokolaadi ja kondenspiima peale. Laske sellel minut aega seista, et šokolaad sulaks, seejärel segage, kuni see on ühtlane ja hästi segunenud.
o) Jagage glasuur mitmesse kaussi ja toonige igaüks erinevate geeljas toiduvärvidega (sinine, lilla, roosa ja must), et luua galaktika efekt. Kasutage hambaorki, et keerutada värvid igas kausis kokku.
p) Enne kasutamist laske glasuuril jahtuda umbes 30–35 °C-ni (86–95 °F).

KOOSTAMINE:

q) Kui ekleerid on jahtunud, tee väikese ümmarguse otsaga iga ekleeri põhja kolm auku.
r) Täida ekleerid enda valitud täidisega. Võite kasutada vahukoort, kondiitrikreemi või mõlema kombinatsiooni.
s) Kastke iga ekleeri ülaosa galaktika peegelglasuuri sisse, laske üleliigsel maha tilkuda.
t) Asetage glasuuritud ekleerid tarduma ja glasuur loob alla tilkudes kauni galaktika efekti.
u) Laske glasuuril täielikult taheneda.
v) Serveerige ja nautige oma suurepäraseid Galaxy Mirror glasuuritud valge šokolaadi ekleere!

3.Värvilised ekleerid peegelglasuuri ja liivapuruga

KOOSTISOSAD:
CHOUX SAIA jaoks :
- 8 untsi vett
- 4 untsi soolamata võid
- ½ tl koššersoola
- 1 spl granuleeritud valget suhkrut
- 5 untsi sõelutud leivajahu
- 1 tl valikulist vaniljeekstrakti
- 4 suurt muna
- Geel-toiduvärv (erinevad värvid)

ECLAIR TÄITMISEKS (VALI 1):
- 1 ½ partii vanilje kondiitrikreemi
- 1 ½ partii šokolaadikondiitrikreemi

PEEGELGLAASI KOHTA :
- 12 untsi valge šokolaadi laastud
- 6 untsi rasket koort
- Geel-toiduvärv (erinevad värvid)

LIIVAPRU KOHTA:
- ½ tassi grahami kreekeripuru
- 2 supilusikatäit granuleeritud suhkrut
- 2 supilusikatäit soolata võid (sulatatud)

JUHISED:
CHOUX KÜPSETIS:
a) Sega kastrulis vesi, või, sool ja suhkur. Kuumuta keskmisel kuumusel, kuni või on sulanud ja segu keeb.
b) Tõsta kastrul tulelt, lisa sõelutud leivajahu ja sega kiiresti, kuni segust moodustub ühtlane taignapall.
c) Laske tainal veidi jahtuda, seejärel lisage ükshaaval munad, segades pärast iga lisamist korralikult läbi. Tainas peaks olema ühtlane ja läikiv.
d) Jagage choux tainas iga värvi jaoks, mida soovite kasutada, eraldi kaussidesse. Lisage igasse kaussi paar tilka geel-toiduvärvi ja segage, kuni saavutate soovitud värvi.
e) Kuumuta ahi temperatuurini 400 °F (200 °C). Vooderda ahjuplaat küpsetuspaberiga.

f) Vormige värviline choux tainas ettevalmistatud küpsetusplaadile ekleeridesse. Võite kasutada kondiitri- või Ziploc-kotti, mille nurk on ära lõigatud.
g) Küpsetage 15 minutit temperatuuril 400 °F (200 °C), seejärel vähendage temperatuuri 180 °C-ni ja küpsetage veel 20–25 minutit või kuni ekleerid on kuldpruunid ja paisunud. Ärge avage ahju küpsetamise ajal.

ECLAIR TÄIDIS:
h) Valmistage vastavalt oma eelistustele kas vanilje kondiitrikreem või šokolaadist kondiitrikreem.

PEEGELLAAS :
i) Aseta kuumakindlasse kaussi valge šokolaadi laastud.
j) Kuumuta potis koort, kuni see just keema hakkab. Vala kuum koor valge šokolaaditükkidele ja lase seista minut aega. Sega, kuni šokolaad on täielikult sulanud ja segu ühtlane.
k) Jaga glasuur eraldi kaussidesse ja lisa igasse kaussi soovitud värvide saavutamiseks geeljas toiduvärvi.

LIIVAPRU:
l) Sega väikeses kausis Grahami kreekeripuru ja granuleeritud suhkur.
m) Lisage segule sulatatud soolata või ja segage, kuni see on hästi segunenud.

KOOSTAMINE:
n) Kui ekleerid on jahtunud, lõigake need horisontaalselt pooleks.
o) Täida iga ekleer valitud kondiitrikreemi täidisega.
p) Kastke iga ekleeri ülaosa värvilise peegelglasuuri sisse, laske üleliigsel maha tilkuda.
q) Puista liivapurusegu ekleeride glasuuritud pealistele tekstuuri ja kaunistuse lisamiseks.
r) Laske peegelglasuuril mõni minut taheneda ja teie värvilised peegelglasuuri ja liivapuruga ekleerid on serveerimiseks valmis!
s) Nautige oma maitsvaid ja värvilisi ekleere!

4.Peegelglasuuriga valge šokolaadi ekleerid

KOOSTISOSAD:
KONDIITRIKREEMI jaoks :
- 4 munakollast
- 380 grammi täispiima (1 ¾ tassi)
- 100 grammi suhkrut
- 2 spl maisitärklist
- 2 spl universaalset jahu
- 1 tl vaniljeekstrakti (või 1 vaniljekaun)
- Prits konjakit või rummi
- ½ tassi koort (vahustamiseks)

CHOUX SAIA JAOKS:
- 120 grammi täispiima (½ tassi)
- 120 grammi vett (½ tassi)
- 120 grammi võid (8½ supilusikatäit võid)
- 145 grammi leiba või kõrge gluteenisisaldusega jahu (1 tass)
- 6 grammi soola (0,2 untsi, 1 tase supilusikatäis koššersoola)
- Umbes 6 tervet suurt muna

GLASUURI KOHTA:
- 200 grammi valget šokolaadi
- Valikuline toiduvärv

JUHISED:
VALMISTA KOIANAKREEM:
a) Vahusta munakollased suhkruga heledaks ja kohevaks vahuks.
b) Klopi sisse maisitärklis ja jahu.
c) Kuumuta potis piim ja vanill, kuni see hakkab just podisema.
d) Lisa ⅓ piimast munakollaste hulka karastamiseks. Segage ja lisage veel ⅓ piimast. Seejärel lisage viimane ⅓.
e) Vala vedel piim + munakollased tagasi kastrulisse ja kuumuta kuni koor on paksenenud.
f) Tõsta pannilt kaussi ja jahuta kondiitrikreem jäävanni kohal või külmkapis.
g) Kuni kondiitrikreemi jahtub, vahusta koor kõvaks vahuks. Kui kondiitrikreem on jahtunud, voldi pool vahukoorest ühtlaseks seguks. Seejärel voldi ülejäänud pool kokku.

VALMISTAGE CHOUX:
h) Kuumuta piim, vesi, sool ja või, kuni see on aurutatud.
i) Lisage kogu jahu korraga ja segage, et kõik koostisosad oleksid koos. Lisaniiskuse eemaldamiseks jätkake küpsetamist umbes 1 minut.
j) Tõsta see tainas kaussi. Enne munade lisamist oodake mõni minut, kuni see jahtub.
k) Ükshaaval lisage tainale iga muna ja klopige, et see täielikult seguneks. Kui tainas on siidine ja raskuse all lusika küljest lahti kukub, eemalda see kausist ja pane torukotti.
l) Toruge pannil silikoonmatti või küpsetuspaberit kasutades 6-tollised (15 cm) kiud. Hoidke need õhukesed, kuna need paisuvad küpsetamise ajal.
m) Küpsetage temperatuuril 360 °F (182 °C) umbes 30–35 minutit, kuni choux on ühtlaselt pruunid ja kergelt krõbedad. Aseta need jahutusrestile jahtuma.

VALMISTA GLAASU:
n) Sulata valge šokolaad topeltkatlas või mikrolaineahjus 30-sekundiliste sammudena. Šokolaadi karastamine pole siin vajalik. Hoidke seda soojas kuni glasuurimiseni.
o) Täida Choux:
p) Tehke hambaorku abil ekleeride ülaosale kaks auku vastasotstes.
q) Sisesta ots ja pigista õrnalt, kuni näed, et kondiitrikreem ulatub teisele poole. Pühkige servad liigsest osast puhtaks.
r) Glasuurige ja viimistlege **ECLAIRS:**
s) Kasta iga täidetud ekleer glasuuri sisse nii, et see kataks ülemise poole täielikult. Puuduste eemaldamiseks kasutage sõrme.
t) Triibulise efekti saamiseks piipu kiiresti sulašokolaadi peale.
u) Nautige vanillikaste headust varsti pärast täitmist. Kuigi need säilivad külmkapis mitu päeva, muutuvad need pehmeks ja märjaks.

5.Roosa peegelglasuuriga ekleerid

KOOSTISOSAD:
CHOUX SAIA jaoks :
- 8 untsi vett
- 4 untsi soolamata võid
- ½ tl koššersoola
- 1 spl granuleeritud valget suhkrut
- 5 untsi sõelutud leivajahu (või universaalset jahu)
- 1 tl vaniljeekstrakti
- 8 untsi muna (umbes 4 suurt muna)
- Roosa geeljas toiduvärv

ECLAIR TÄITMISEKS:
- Vanilje kondiitrikreem (võite kasutada eelnevalt valmistatud segu)

ROOSA PEEGELLAASUURI KOHTA:
- 12 untsi valge šokolaadi laastud
- 6 untsi rasket koort
- Roosa geeljas toiduvärv

KAUNISTUSEKS:
- Kookospähkli laastud
- Värsked vaarikad

JUHISED:
VALMISTAGE CHOUX KÜPSETIS:
a) Sega kastrulis vesi, soolata või, koššersool ja granuleeritud valge suhkur. Kuumuta keskmisel-kõrgel kuumusel, kuni segu keeb ja või on täielikult sulanud.
b) Alandage kuumust ja lisage korraga sõelutud leivajahu (või universaalne jahu). Sega tugevalt puulusikaga, kuni tainas moodustab palli ja tõmbub panni külgedelt eemale.
c) Eemaldage tulelt ja laske sellel paar minutit jahtuda.
d) Lisa järk-järgult ükshaaval munad, pärast iga lisamist korralikult segades. Enne järgmise lisamist veenduge, et iga muna oleks täielikult segunenud.
e) Soovitud roosa värvi saavutamiseks segage vaniljeekstrakt ja paar tilka roosat geeli toiduvärvi.

TORU JA KÜPSETA ECLAIRS :
f) Kuumuta ahi temperatuurini 375 °F (190 °C) ja vooderda küpsetusplaat küpsetuspaberiga.
g) Tõsta choux kondiitritainas suure ümara otsaga kondiitrikotti.
h) Toru eclair kujundid pärgamentpaberile, jättes nende vahele ruumi.
i) Küpseta eelkuumutatud ahjus umbes 25-30 minutit või kuni ekleerid on kuldpruunid ja paisunud.
j) Eemaldage ahjust ja laske neil täielikult jahtuda.

TÄIDA ECLAIRS:
k) Kui ekleerid on jahtunud, lõigake need horisontaalselt lahti.
l) Täida iga ekleer koti või lusika abil vanilje-taignakreemiga.

VALMISTAGE ROOSA PEEGELGLAASI :
m) Segage mikrolaineahjus kasutatavas kausis valge šokolaadi laastud ja koor. Küpseta mikrolaineahjus 30-sekundiliste intervallidega, iga intervalli järel segades, kuni segu on ühtlane ja šokolaad täielikult sulanud.
n) Segage roosat geeltoiduvärvi, kuni saavutate soovitud roosa tooni.

GLAISERIGE ECLAIRSID :
o) Kastke iga ekleeri ülaosa roosa peegelglasuuri sisse, laske üleliigsel glasuuril maha tilkuda.
p) Asetage glasuuritud ekleerid restile tarduma.
q) Kuni glasuur on veel kergelt kleepuv, puista ekleeride peale kookoslaaste.
r) Aseta iga ekleeri peale värske vaarikas.
s) Enne serveerimist laske glasuuril täielikult taheneda. Nautige oma maitsvaid ekleere koos roosa peegelglasuuriga!

6. Šokolaadist sarapuupähkli peegelglasuuritud ekleerid

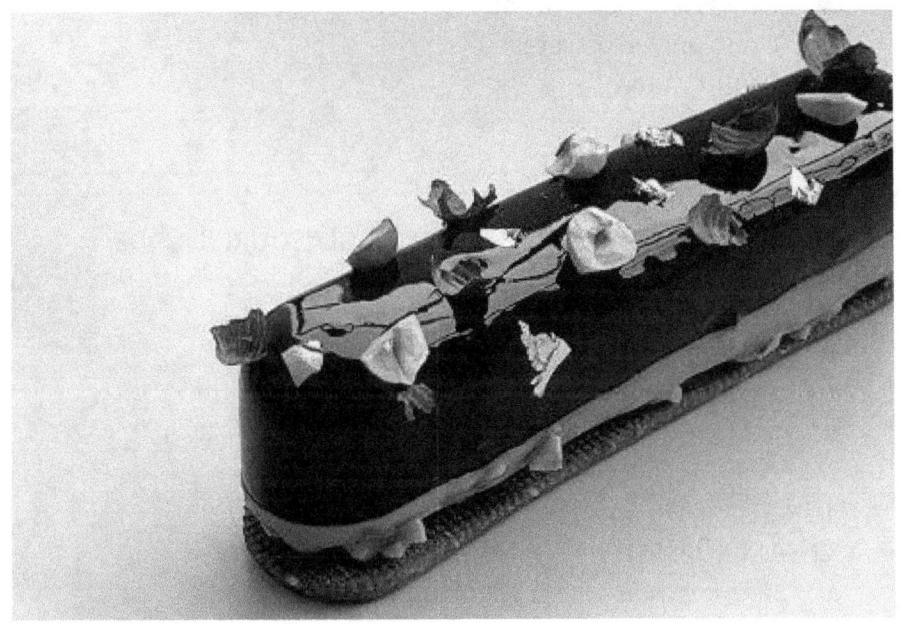

KOOSTISOSAD:
CHOUX SAIA JAOKS:
- 1 tass vett
- 1/2 tassi soolamata võid
- 1 tass universaalset jahu
- 4 suurt muna

TÄIDISEKS:
- 2 tassi saiakreemi
- 1/2 tassi Nutellat

ŠOKOLAADI SARAPUUPÄHKLI PEEGELGLASUURI JUURDE:
- 1/2 tassi vett
- 1 tass granuleeritud suhkrut
- 1/2 tassi magustatud kondenspiima
- 1 1/2 tassi tumedat šokolaadi, tükeldatud
- 1/4 tassi sarapuupähkleid, hakitud (kaunistuseks)

JUHISED:
CHOUX KÜPSETIS:
a) Sega kastrulis vesi ja või. Kuumuta keemiseni.
b) Lisa jahu ja sega intensiivselt, kuni segu moodustab palli. Eemaldage kuumusest.
c) Laske tainal veidi jahtuda, seejärel lisage ükshaaval munad, segades pärast iga lisamist korralikult läbi.
d) Tõsta tainas torukotti ja toru ekleerid ahjuplaadile.
e) Küpseta eelkuumutatud ahjus 375°F (190°C) juures 25-30 minutit või kuni kuldpruunini.

TÄITMINE:
f) Kui ekleerid on jahtunud, lõigake need horisontaalselt pooleks.
g) Sega Nutella kondiitrikreemi hulka, kuni see on hästi segunenud.
h) Täida iga ekleer šokolaadikoti või lusika abil sarapuupähklitäidisega.

ŠOKOLAADI SARAPUUPÄHKLI PEEGELLAAS:
i) Sega kastrulis vesi, suhkur ja magustatud kondenspiim. Lase keema tõusta.
j) Tõsta tulelt ja lisa tume šokolaad. Sega ühtlaseks.
k) Laske glasuuril jahtuda temperatuurini 90–95 °F (32–35 °C).

KOOSTAMINE:
l) Asetage rest küpsetusplaadile, et üleliigne glasuur kinni püüda.
m) Kasta iga ekleeri ülaosa šokolaadi sarapuupähkli peegelglasuuri, tagades ühtlase katte.
n) Laske üleliigsel glasuuril maha tilkuda, seejärel tõstke ekleerid restile.
o) Kaunistuseks puista peale hakitud sarapuupähkleid.
p) Enne serveerimist lase glasuuril umbes 15 minutit taheneda.
q) Nautige oma meelepäraseid šokolaadi-sarapuupähkli peegelglasuuriga ekleere!

7.Vaarikas Lemon Mirror Glasuuritud Eclairs

KOOSTISOSAD:
CHOUX SAIA JAOKS:
- 1 tass vett
- 1/2 tassi soolamata võid
- 1 tass universaalset jahu
- 4 suurt muna

TÄIDISEKS:
- 2 tassi saiakreemi
- 1 tass värskeid vaarikaid
- 1 sidruni koor

VAARIKASIDRUNI PEEGELGLASUURI JUURDE:
- 1/2 tassi vett
- 1 tass granuleeritud suhkrut
- 1/2 tassi magustatud kondenspiima
- 1 1/2 tassi valget šokolaadi, tükeldatud
- 1 sidruni koor
- 1/2 tassi värskeid vaarikaid (kaunistuseks)

JUHISED:
CHOUX KÜPSETIS:
a) Sega kastrulis vesi ja või. Kuumuta keemiseni.
b) Lisa jahu ja sega intensiivselt, kuni segu moodustab palli. Eemaldage kuumusest.
c) Laske tainal veidi jahtuda, seejärel lisage ükshaaval munad, segades pärast iga lisamist korralikult läbi.
d) Tõsta tainas torukotti ja toru ekleerid ahjuplaadile.
e) Küpseta eelkuumutatud ahjus 375°F (190°C) juures 25-30 minutit või kuni kuldpruunini.

TÄITMINE:
f) Kui ekleerid on jahtunud, lõigake need horisontaalselt pooleks.
g) Sega värsked vaarikad ja sidrunikoor kondiitrikreemi hulka, kuni need on hästi segunenud.
h) Täida iga ekleer vaarika-sidruntäidisega, kasutades torukotti või lusikat.

VAARIKASIDRUNI PEEGELGLASUUR :
i) Sega kastrulis vesi, suhkur ja magustatud kondenspiim. Lase keema tõusta.
j) Tõsta tulelt ja lisa valge šokolaad. Sega ühtlaseks.
k) Lisa glasuurile sidrunikoor ja sega korralikult läbi.
l) Laske glasuuril jahtuda temperatuurini 90–95 °F (32–35 °C).

KOOSTAMINE:
m) Asetage rest küpsetusplaadile, et üleliigne glasuur kinni püüda.
n) Kasta iga ekleeri ülaosa vaarika sidruniga peegliglasuuriga, tagades ühtlase katte.
o) Laske üleliigsel glasuuril maha tilkuda, seejärel tõstke ekleerid restile.
p) Aseta iga ekleeri peale kaunistuseks värske vaarikas.
q) Enne serveerimist lase glasuuril umbes 15 minutit taheneda.

8.Kohvikaramelli peegelklaasiga ekleerid

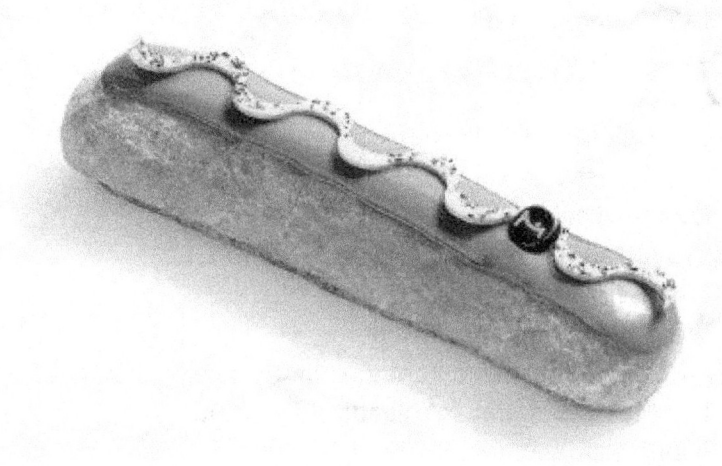

KOOSTISOSAD:
CHOUX SAIA JAOKS:
- 1 tass vett
- 1/2 tassi soolamata võid
- 1 tass universaalset jahu
- 4 suurt muna

TÄIDISEKS:
- 2 tassi saiakreemi
- 2 spl lahustuvat kohvi
- 1/2 tassi karamellkastet

KOHVI KARAMELL PEEGELLAASUURI KOHTA:
- 1/2 tassi vett
- 1 tass granuleeritud suhkrut
- 1/2 tassi magustatud kondenspiima
- 1 1/2 tassi tumedat šokolaadi, tükeldatud
- 2 spl lahustuvat kohvi

JUHISED:
CHOUX KÜPSETIS:
a) Sega kastrulis vesi ja või. Kuumuta keemiseni.
b) Lisa jahu ja sega intensiivselt, kuni segu moodustab palli. Eemaldage kuumusest.
c) Laske tainal veidi jahtuda, seejärel lisage ükshaaval munad, segades pärast iga lisamist korralikult läbi.
d) Tõsta tainas torukotti ja toru ekleerid ahjuplaadile.
e) Küpseta eelkuumutatud ahjus 375°F (190°C) juures 25-30 minutit või kuni kuldpruunini.

TÄITMINE:
f) Kui ekleerid on jahtunud, lõigake need horisontaalselt pooleks.
g) Lahustage lahustuv kohv väikeses koguses kuumas vees. Sega see kondiitrikreemi hulka.
h) Lisa karamellkastet kohvimaitselise saiakreemi hulka, kuni see on hästi segunenud.
i) Täida iga ekleer kohvikarameli täidisega, kasutades torukotti või lusikat.

KOHVI KARAMELL PEEGELLAAS:
j) Sega kastrulis vesi, suhkur ja magustatud kondenspiim. Lase keema tõusta.
k) Tõsta tulelt ning lisa tume šokolaad ja lahustuv kohv. Sega ühtlaseks.
l) Laske glasuuril jahtuda temperatuurini 90–95 °F (32–35 °C).

KOOSTAMINE:
m) Asetage rest küpsetusplaadile, et üleliigne glasuur kinni püüda.
n) Kastke iga ekleeri ülaosa kohvikaramelli peegelglasuuri sisse, tagades ühtlase katte.
o) Laske üleliigsel glasuuril maha tilkuda, seejärel tõstke ekleerid restile.
p) Enne serveerimist lase glasuuril umbes 15 minutit taheneda.
q) Nautige oma maitsvaid kohvikaramelli peegelglasuuriga ekleere!

9. Matcha valge šokolaadi peegliga klaasitud ekleerid

KOOSTISOSAD:
CHOUX SAIA JAOKS:
- 1 tass vett
- 1/2 tassi soolamata võid
- 1 tass universaalset jahu
- 4 suurt muna

TÄIDISEKS:
- 2 tassi saiakreemi
- 2 tl matcha pulbrit

MATCHA VALGE ŠOKOLAADI PEEGELGLASUURI KOHTA:
- 1/2 tassi vett
- 1 tass granuleeritud suhkrut
- 1/2 tassi magustatud kondenspiima
- 1 1/2 tassi valget šokolaadi, tükeldatud
- 2 tl matcha pulbrit

JUHISED:
CHOUX KÜPSETIS:
a) Sega kastrulis vesi ja või. Kuumuta keemiseni.
b) Lisa jahu ja sega intensiivselt, kuni segu moodustab palli. Eemaldage kuumusest.
c) Laske tainal veidi jahtuda, seejärel lisage ükshaaval munad, segades pärast iga lisamist korralikult läbi.
d) Tõsta tainas torukotti ja toru ekleerid ahjuplaadile.
e) Küpseta eelkuumutatud ahjus 375°F (190°C) juures 25-30 minutit või kuni kuldpruunini.

TÄITMINE:
f) Kui ekleerid on jahtunud, lõigake need horisontaalselt pooleks.
g) Sega matcha pulber kondiitrikreemi hulka, kuni see on hästi segunenud.
h) Täida iga ekleer kotti või lusika abil matchamaitselise täidisega.

MATCHA VALGE ŠOKOLAADI PEEGELLAAS :
i) Sega kastrulis vesi, suhkur ja magustatud kondenspiim. Lase keema tõusta.
j) Tõsta tulelt ja lisa valge šokolaad ja matcha pulber. Sega ühtlaseks.
k) Laske glasuuril jahtuda temperatuurini 90–95 °F (32–35 °C).

KOOSTAMINE:
l) Asetage rest küpsetusplaadile, et üleliigne glasuur kinni püüda.
m) Kasta iga ekleeri ülaosa matcha valge šokolaadi peegelglasuuri sisse, tagades ühtlase katte.
n) Laske üleliigsel glasuuril maha tilkuda, seejärel tõstke ekleerid restile.
o) Enne serveerimist lase glasuuril umbes 15 minutit taheneda.

ŠOKOLAADI ECLAIRS

10.Karamellšokolaadi ekleerid

KOOSTISOSAD:
- 12 Eclair kesta, täitmata
- 2 tassi karamellist kondiitrikreemi, jahutatud
- 1 tass šokolaadi ganache, toatemperatuuril

JUHISED:
a) Kasutage väikest koorimisnuga, tehke iga ekleeri mõlemasse otsa väike auk.
b) Täida kondiitri kott, millel on väike tavaline otsik, jahutatud karamellist kondiitrikreemiga.
c) Sisesta ots ekleeri ühte auku ja pigista õrnalt, et see täidaks. Korrake protsessi teise augu jaoks.
d) Jätkake iga ekleeri täitmist, kuni kõik on täidetud maitsva karamellise kondiitrikreemiga.
e) Kasutage väikest nihkelabidat, et glasuurida iga ekleeri ühtlaselt toasooja šokolaadiganache'iga.
f) Enne nende maitsvate karamellšokolaadi ekleeride serveerimist laske ganache'il taheneda.

11.Šokolaadiekleerid vanillikaste täidisega

KOOSTISOSAD:
ECLAIRS:
- 1 tass vett
- 1/2 tassi võid
- 1/4 teelusikatäit soola
- 1 tass jahu
- 4 suurt muna

KRIIGI TÄIDIS:
- 3 tassi piima
- 1/2 tassi suhkrut
- 3 supilusikatäit maisitärklist
- 4 munakollast
- 2 tl vaniljeekstrakti

ŠOKOLAADI GLASE:
- 12 untsi poolmagusaid šokolaaditükke
- 1/4 tassi lühendamist
- 1/4 tassi heledat maisisiirupit
- 6 spl piima

JUHISED:
KRIIGI TÄIDIS:
a) Kuumuta keskmises kastrulis aeglaselt piima, kuni serva ümber tekivad mullid.
b) Segage väikeses kausis suhkur ja maisitärklis, segage hästi. Sega segu korraga kuuma piima hulka.
c) Kuumuta segades keskmisel kuumusel, kuni segu keeb. Alanda kuumust ja hauta 1 minut.
d) Klopi väike kogus segu munakollaste hulka. Vala tagasi kastrulisse ja kuumuta segades keskmisel kuumusel, kuni segu keeb ja pakseneb.
e) Sega juurde vanill. Asetage pinnale vahatatud paber, et vältida naha moodustumist. Hoia kasutusvalmis külmkapis. Teeb 3 tassi, millest piisab 12 ekleeri täitmiseks.

ŠOKOLAADI GLASE:
f) Sulata topeltboileri ülaosas kuuma (mitte keeva) vee kohal šokolaad koos šokolaadiga.

g) Lisa maisisiirup ja piim. Sega ühtlaseks ja hästi segunevaks. Lase veidi jahtuda.
h) Määri glasuur ekleeridele. Teeb 2 tassi, millest piisab 12 ekleeri glasuurimiseks.

ECLAIRS:
i) Kuumuta ahi temperatuurini 400 °F.
j) Aja vesi, või ja sool keema. Tõsta tulelt ja sega hulka jahu.
k) Vahusta tasasel tulel, kuni segu panni külgedelt lahkub.
l) Eemaldage tulelt ja klopige ükshaaval sisse munad, kuni segu on läikiv, satiinne ja puruneb kiududeks.
m) Asetage taigen määrimata lehele kolme tolli kaugusele, moodustades 12 riba, igaüks 4 x 1 tolli.
n) Küpseta 35–40 minutit, kuni need kõlavad koputamisel õõnsalt. Hoida eemal mustanditest.
o) Lõika ekleeride pealsed osad pooleks ja täida vanillikreemiga.
p) Määri pealsed šokolaadiglasuuriga, jahuta ja serveeri.
q) Nautige neid dekadentlikke šokolaadiekleere koos mahlaka vanillikastetäidisega!

12.Šokolaadi Grand Marnier Eclairs

KOOSTISOSAD:
ECLAIR DOUGH:
- 3 suurt muna, toatemperatuuril
- 2/3 tassi vett
- 5 supilusikatäit soolata võid, lõigatud 1/2-tollisteks kuubikuteks
- 1/8 tl soola
- 2/3 tassi sõelutud universaalset jahu
- 1/2 tl apelsini koort

ŠOKOLAADI GRAND MARNIER TÄIDIS:
- 3 untsi poolmagusat šokolaadi, jämedalt hakitud
- 3 spl vett
- 2 supilusikatäit Grand Marnier
- 2 spl külma vett
- 1 1/2 teelusikatäit maitsestamata pulbristatud želatiini
- 1 tass rasket koort
- 1 spl apelsinimahla
- 1/2 tassi kondiitri suhkrut

ORANŽI GLASE:
- 1 spl apelsinimahla
- 1/4 tassi kondiitri suhkrut

JUHISED:
ECLAIR DOUGH:
a) Kuumuta ahi 425 kraadini F. Vooderda kaks küpsetusplaati küpsetuspaberiga.
b) Segage mune klaasist mõõtetopsis, kuni need on segunenud. Jäta 2 supilusikatäit lahtiklopitud mune väikesesse tassi.
c) Sega keskmises paksus kastrulis vesi, või ja sool. Kuumuta keskmisel kuumusel, kuni või on sulanud.
d) Tõsta kuumus keskmisele kõrgele ja lase segul keema tõusta. Eemaldage kuumusest.
e) Sega vispli abil jahu ja apelsinikoor. Vahusta tugevalt ühtlaseks massiks.
f) Tõsta pann puulusikaga pidevalt segades tagasi tulele. Küpseta 30–60 sekundit, kuni pasta moodustab väga ühtlase palli.

g) Tõsta pasta suurde kaussi. Vala reserveeritud 1/2 tassi lahtiklopitud munad pastale ja klopi tugevasti puulusikaga, kuni segu moodustab ühtlase pehme taigna.

ECLAIRSIDE KÜPSETAMINE:
h) Täitke 5/6-tollise tavalise otsaga kondiitritoodete kott ekleeritainaga. Toruge ettevalmistatud küpsetusplaatidele umbes 1/2 tolli laiused 5-tollised ribad, jättes ekleeride vahele umbes 1 1/2 tolli.
i) Kastke sõrm järelejäänud lahtiklopitud muna sisse ja siluge õrnalt torustikust jäänud "sabad". Pintselda ekleeride ülaosasid kergelt rohkema munaga.
j) Küpseta ekleere, üks ahjuplaat korraga, 10 minutit. Toetage ahju uks puulusika käepidemega umbes 2 tolli kaugusele.
k) Vähendage ahju temperatuuri 375 kraadini F ja sulgege ahju uks. Jätkake ekleeride küpsetamist 20–25 minutit, kuni need on krõbedad.
l) Tõsta ekleerid restile ja jahuta täielikult.

ŠOKOLAADI GRAND MARNIER TÄIDIS:
m) Sulata šokolaad vee ja Grand Marnier'ga vastavalt šokolaadisulatusnõuannetele.
n) Piserdage väikeses kastrulis želatiin külma veega ja laske 5 minutit seista, et see pehmeneks.
o) Asetage kastrul madalale tulele, keetke pidevalt segades 2–3 minutit, kuni želatiin on täielikult lahustunud ja segu on selge. Laske sellel jahtuda, kuni see on leige.
p) Vahusta vahukoor jahutatud segisti kausis madalal kiirusel. Lisa vahustamist jätkates vähehaaval aeglase joana jahtunud želatiinisegu.
q) Peatage mikser, kraapige kausi külg alla ja lisage jahutatud sulatatud šokolaadisegu. Jätka vahustamist, kuni koor hakkab kooruma. Ärge vahustage üle.
r) Kata täidis kilega ja jahuta 30 minutit.

ORANŽI GLASE:
s) Vahusta väikeses kausis apelsinimahl ja kondiitri suhkur ühtlaseks massiks.

KOKKU KOKKUVÕTKE JA GLASUURIGE:
t) Torka ekleeride mõlemasse otsa vardaga auk.

u) Täitke kondiitritoodete kott 1/6-tollise tavalise otsaga Grand Marnieri täidisega. Pista ots ekleeri mõlemas otsas olevasse auku ja täida täidisega.
v) Nirista iga ekleeri peale apelsiniglasuur.
w) Soovi korral kaunista apelsinikoore ribadega.
x) Nautige neid suurepäraseid šokolaadi Grand Marnier Eclaire!

13.Külmutatud šokolaadimündi ekleerid

KOOSTISOSAD:
ECLAIR DOUGH:
- 3 suurt muna, toatemperatuuril
- 1/2 tassi vett
- 4 1/2 supilusikatäit soolamata võid, lõigatud 1/2-tollisteks kuubikuteks
- 1 1/2 supilusikatäit granuleeritud suhkrut
- 1/2 tl piparmündi ekstrakti
- 3/4 tassi sõelutud universaalset jahu
- 3 supilusikatäit sõelutud magustamata leelistatud kakaopulbrit

KÜLMUTATUD MÜNDI TÄIDIS:
- 8 untsi toorjuustu, pehmendatud
- 3/4 tassi magustatud kondenspiima
- 2 supilusikatäit valget creme de menthe
- 4 untsi piparmündimaitselist poolmagusat šokolaadi, peeneks hakitud

ŠOKOLAADI MÜNDIKASTE:
- 6 untsi piparmündimaitselist poolmagusat šokolaadi, peeneks hakitud
- 2/3 tassi rasket koort
- 2 spl kerget maisisiirupit
- 2 tl vaniljeekstrakti

GARNEERING:
- Värske piparmünt

JUHISED:
ECLAIR DOUGH:
a) Kuumuta ahi 425 kraadini F. Vooderda kaks küpsetusplaati küpsetuspaberiga.
b) Segage mune klaasist mõõtetopsis, kuni need on segunenud. Jäta 2 supilusikatäit lahtiklopitud mune väikesesse tassi.
c) Sega keskmises paksus kastrulis vesi, või ja suhkur. Kuumuta keskmisel kuumusel, kuni või on sulanud.
d) Tõsta kuumus keskmisele kõrgele ja lase segul keema tõusta. Eemaldage kuumusest.
e) Sega juurde piparmündiekstrakt. Sega vispli abil jahu ja kakao. Vahusta tugevalt, kuni segu on ühtlane ja tõmbub panni külgedelt eemale.
f) Tõsta pann puulusikaga pidevalt segades tagasi tulele. Küpseta 30–60 sekundit, kuni pasta moodustab väga ühtlase palli.
g) Tõsta pasta suurde kaussi. Valage 1/2 tassi lahtiklopitud munad pastale ja klopige tugevalt puulusikaga 45–60 sekundit, kuni segu moodustab ühtlase pehme taigna.
h) Täitke 5/6-tollise tavalise otsaga kondiitritoodete kott ekleeritainaga. Toruge ettevalmistatud küpsetusplaatidele umbes 1/2 tolli laiused 5-tollised ribad, jättes ekleeride vahele umbes 1 1/2 tolli.
i) Pintselda ekleeride pealsed kergelt ülejäänud lahtiklopitud munaga.
j) Küpseta ekleere 10 minutit, seejärel alandage ahju temperatuuri 375 kraadini F. Jätkake küpsetamist 20–25 minutit, kuni need on krõbedad ja läikivad. Tõsta restile ja jahuta täielikult.

KÜLMUTATUD MÜNDI TÄIDIS:
k) Vahusta toorjuust suures kausis keskmisel kiirusel käeshoitava elektrilise mikseri abil ühtlaseks.
l) Lisa magustatud kondenspiim ja liköör. Vahusta ühtlaseks.
m) Voldi sisse hakitud šokolaad.
n) Kata täidise pind kilega ja pane sügavkülma, kuni see on umbes 4 tundi.

ŠOKOLAADI MÜNDIKASTE:
o) Asetage šokolaad keskmisesse kaussi.

p) Kuumuta väikeses raskes kastrulis koor ja maisisiirup õrnalt keema.
q) Vala kuum kooresegu šokolaadile. Lase 30 sekundit seista, et šokolaad sulaks.
r) Vahusta õrnalt ühtlaseks.
s) Sega juurde vanill.

KOKKU KOKKUVÕTE ECLAIRS:
t) Lõika ekleerid pooleks ja eemalda niiske tainas.
u) Tõsta igasse ekleeripoolikusse 3 supilusikatäit külmutatud täidist.
v) Asendage ekleeri ülaosa.
w) Vala soe šokolaadi-mündikaste serveerimistaldrikule.
x) Aseta peale ekleer ja nirista peale veel kastet.
y) Kaunista värske piparmündiga.

14. Mini Chocolate Éclairs

KOOSTISOSAD:

CHOUX SAIA JAOKS:
- 150 ml (umbes 5 untsi) vett
- 60 g (umbes 2 untsi) võid
- 75 g (umbes 2,5 untsi) tavalist jahu
- 2 suurt muna

TÄIDISEKS:
- 200 ml (umbes 7 untsi) vahukoort
- Šokolaadi ganache (valmistatud sulašokolaadist ja koorest)

JUHISED:
a) Kuumuta ahi 200 °C-ni (390 °F). Vooderda ahjuplaat küpsetuspaberiga.
b) Kuumuta potis vett ja võid, kuni või on sulanud. Tõsta tulelt ja lisa jahu. Sega tugevalt, kuni moodustub taignapall.
c) Lase tainal veidi jahtuda, seejärel klopi ükshaaval sisse munad, kuni segu on ühtlane ja läikiv.
d) Tõsta lusikaga või toruga choux tainas küpsetusplaadile väikeste eclair-kujulistena.
e) Küpseta umbes 15-20 minutit või kuni need on paisunud ja kuldsed.
f) Pärast jahutamist lõigake iga ekleer horisontaalselt pooleks. Täida vahukoorega ja nirista peale šokolaadi ganache.

15.Jello vaniljepuding Ekleerid

KOOSTISOSAD:
- 1 pakk (3¼ untsi) jello vaniljepuding ja pirukatäidis
- 1½ tassi piima
- ½ tassi valmistatud unistuste piitsa / vahustatud katet
- 6 supilusikatäit võid
- ¾ tassi vett
- ¾ tassi sõelutud jahu (universaalne)
- 3 muna
- 2 ruutu magustamata šokolaadi
- 2 spl võid
- 1½ tassi sõelumata suhkrut
- Natuke soola
- 3 spl piima

JUHISED:
TEE TÄIDIS:
a) Keeda pudingisegu vastavalt pakendil olevale juhisele. Vähendage piima 1½ tassile.
b) Katke pind vahapaberiga.
c) Jahuta 1 tund. Vahusta puding ühtlaseks.
d) Voldi valmis katte sisse.

TEE KESTAD:
e) Aja 6 spl võid ja vett kastrulis keema. Vähendage kuulmist. Sega kiiresti sisse jahu. Küpseta ja sega, kuni segu lahkub panni külgedelt, umbes 2 minutit. Eemaldage kuumusest.
f) Klopi ükshaaval sisse munad. Vahusta hoolikalt satiiniks. Vormige määrimata küpsetusplaadile lusikaga taignast 5 x 1-tollised ribad, küpsetage 425 kraadi juures 20 minutit ja seejärel 350 kraadi juures 30 minutit.

KOOSTAMA
g) Lõika koored ära. Täida igaüks pudingiga. Vahetage pealsed välja

TEE GLAASU
h) Sulata šokolaad 2 spl võiga madalal kuumusel.
i) Tõsta tulelt ja sega hulka suhkur, sool ja 3 spl piima. Määri kohe ekleeridele.

16. Küpsised ja Cream Éclairs

KOOSTISOSAD:
CHOUX SAIA JAOKS:
- 1 tass vett
- 1/2 tassi soolamata võid
- 1 tass universaalset jahu
- 1/2 teelusikatäit soola
- 1 spl suhkrut
- 4 suurt muna

KÜPSISTE JA KREEMI TÄIDISEKS:
- 1 1/2 tassi rasket koort
- 1/4 tassi tuhksuhkrut
- 1 tl vaniljeekstrakti
- 10 šokolaadi võileivaküpsist, purustatud

ŠOKOLAADIGANAŠE JUURDE:
- 1 tass poolmagusaid šokolaaditükke
- 1/2 tassi rasket koort
- 2 spl soolata võid

JUHISED:
CHOUX KÜPSETIS:
a) Kuumuta ahi temperatuurini 425 °F (220 °C). Vooderda ahjuplaat küpsetuspaberiga.
b) Sega kastrulis keskmisel kuumusel vesi, või, sool ja suhkur. Kuumuta keemiseni.
c) Eemaldage tulelt ja segage kiiresti jahu, kuni moodustub tainas.
d) Pane pann madalale tulele ja küpseta tainast pidevalt segades 1-2 minutit, et see kuivaks.
e) Tõsta tainas suurde segamisnõusse. Lase paar minutit jahtuda.
f) Lisa ükshaaval munad, pärast iga lisamist korralikult kloppides, kuni tainas on ühtlane ja läikiv.
g) Tõsta tainas suure ümara otsaga torukotti. Toruge ettevalmistatud küpsetusplaadile 4-tollised pikad ribad.
h) Küpsetage 15 minutit temperatuuril 425 °F, seejärel vähendage temperatuuri 190 °C-ni (375 °F) ja küpsetage veel 20 minutit või kuni see on kuldpruun. Lase täielikult jahtuda.

KÜPSISED JA KREEEMITÄIDIS:

i) Vahusta vahukoor segamisnõus, kuni moodustuvad pehmed tipud.
j) Lisa tuhksuhkur ja vaniljeekstrakt. Jätka vahustamist, kuni moodustuvad jäigad tipud.
k) Voldi õrnalt sisse purustatud šokolaadiküpsised.

ŠOKOLAADIGANAŠE:
l) Aseta šokolaaditükid kuumakindlasse kaussi.
m) Kuumuta potis koort, kuni see hakkab lihtsalt podisema.
n) Vala kuum koor šokolaadile ja lase seista minut aega.
o) Sega ühtlaseks, seejärel lisa või ja sega kuni sulamiseni.

KOOSTAMINE:
p) Lõika iga jahtunud ekleer horisontaalselt pooleks.
q) Tõsta lusikaga või toruga küpsised ja kreemitäidis iga ekleeri alumisele poolele.
r) Aseta ekleeri ülemine pool täidisele.
s) Kasta iga ekleeri ülaosa šokolaadi ganache sisse või tõsta ganache lusikaga peale.
t) Lase ganache'il paar minutit taheneda.
u) Soovi korral puista peale kaunistuseks veel purustatud küpsiseid.
v) Serveeri ja naudi mõnusat kombinatsiooni kreemjast täidisest ja rikkalikust šokolaadiga ganache'ist igas Cookies and Cream Éclairis!

17.Šokolaadi sarapuupähkli ekleerid

KOOSTISOSAD:
CHOUX SAIA JAOKS:
- 1 tass vett
- 1/2 tassi soolamata võid
- 1 tass universaalset jahu
- 4 suurt muna

TÄIDISEKS:
- 2 tassi saiakreemi
- 1/2 tassi Nutellat (sarapuupähklimääre)

ŠOKOLAADI SARAPUUPÄHKLIGANAŠE JUURDE:
- 1 tass tumedat šokolaadi, tükeldatud
- 1/2 tassi rasket koort
- 1/4 tassi sarapuupähkleid, hakitud (kaunistuseks)

JUHISED:
CHOUX KÜPSETIS:
a) Sega kastrulis vesi ja või. Kuumuta keemiseni.
b) Lisa jahu ja sega intensiivselt, kuni segu moodustab palli. Eemaldage kuumusest.
c) Laske tainal veidi jahtuda, seejärel lisage ükshaaval munad, segades pärast iga lisamist korralikult läbi.
d) Tõsta tainas torukotti ja toru ekleerid ahjuplaadile.
e) Küpseta eelkuumutatud ahjus 375°F (190°C) juures 25-30 minutit või kuni kuldpruunini.

TÄITMINE:
f) Kui ekleerid on jahtunud, lõigake need horisontaalselt pooleks.
g) Sega Nutella kondiitrikreemi hulka, kuni see on hästi segunenud.
h) Täida iga ekleer šokolaadikoti või lusika abil sarapuupähklitäidisega.

ŠOKOLAADI SARAPUUPÄHKLIGANAŠE:
i) Kuumuta koort kastrulis, kuni see hakkab lihtsalt podisema.
j) Vala kuum koor tükeldatud tumedale šokolaadile. Laske seista minut, seejärel segage ühtlaseks massiks.
k) Kasta iga ekleeri ülaosa šokolaadi sarapuupähkli ganache'i, tagades ühtlase katte.
l) Kaunistuseks puista peale hakitud sarapuupähkleid.
m) Enne serveerimist lase ganache'il umbes 15 minutit taheneda.
n) Nautige oma dekadentlikku šokolaadi-sarapuupähkli ekleere!

18.Mündišokolaadi ekleerid

KOOSTISOSAD:
CHOUX SAIA JAOKS:
- 1 tass vett
- 1/2 tassi soolamata võid
- 1 tass universaalset jahu
- 4 suurt muna

TÄIDISEKS:
- 2 tassi saiakreemi

MÜND-ŠOKOLAADIGANAŠE JAOKS:
- 1 tass tumedat šokolaadi, tükeldatud
- 1/2 tassi rasket koort
- 1 tl piparmündi ekstrakti

JUHISED:
CHOUX KÜPSETIS:
a) Sega kastrulis vesi ja või. Kuumuta keemiseni.
b) Lisa jahu ja sega intensiivselt, kuni segu moodustab palli. Eemaldage kuumusest.
c) Laske tainal veidi jahtuda, seejärel lisage ükshaaval munad, segades pärast iga lisamist korralikult läbi.
d) Tõsta tainas torukotti ja toru ekleerid ahjuplaadile.
e) Küpseta eelkuumutatud ahjus 375°F (190°C) juures 25-30 minutit või kuni kuldpruunini.

TÄITMINE:
f) Kui ekleerid on jahtunud, lõigake need horisontaalselt pooleks.
g) Valmista kondiitrikreem või kasuta poest ostetud.
h) Soovi korral lisage kondiitrikreemile piparmündiekstrakti piparmündi maitse saamiseks. Sega hästi.
i) Täida iga ekleer mündimaitselise kondiitrikreemiga, kasutades kotti või lusikat.

MÜNDI ŠOKOLAADI GANATŠE:
j) Kuumuta koort kastrulis, kuni see hakkab lihtsalt podisema.
k) Vala kuum koor tükeldatud tumedale šokolaadile. Laske seista minut, seejärel segage ühtlaseks massiks.
l) Lisa ganache'ile piparmündiekstrakt ja sega korralikult läbi.
m) Kasta iga ekleeri ülaosa piparmündišokolaadi ganache'i, tagades ühtlase katte.
n) Enne serveerimist lase ganache'il umbes 15 minutit taheneda.
o) Nautige oma värskendavaid piparmündišokolaadi ekleere!

19.Valge šokolaadi vaarika ekleerid

KOOSTISOSAD:
CHOUX SAIA JAOKS:
- 1 tass vett
- 1/2 tassi soolamata võid
- 1 tass universaalset jahu
- 4 suurt muna

TÄIDISEKS:
- 2 tassi valge šokolaadi laastud
- 1 tass rasket koort
- 1/2 tassi vaarikamoosi

VALGE ŠOKOLAADI VAARIKAGANAŠE JUURDE:
- 1 tass valget šokolaadi, tükeldatud
- 1/2 tassi rasket koort
- Värsked vaarikad (kaunistuseks)

JUHISED:
CHOUX KÜPSETIS:
a) Sega kastrulis vesi ja või. Kuumuta keemiseni.
b) Lisa jahu ja sega intensiivselt, kuni segu moodustab palli. Eemaldage kuumusest.
c) Laske tainal veidi jahtuda, seejärel lisage ükshaaval munad, segades pärast iga lisamist korralikult läbi.
d) Tõsta tainas torukotti ja toru ekleerid ahjuplaadile.
e) Küpseta eelkuumutatud ahjus 375°F (190°C) juures 25-30 minutit või kuni kuldpruunini.

TÄITMINE:
f) Kui ekleerid on jahtunud, lõigake need horisontaalselt pooleks.
g) Kuumuta koort, kuni see hakkab lihtsalt podisema.
h) Vala kuum koor valge šokolaadi laastude peale. Laske seista minut, seejärel segage ühtlaseks massiks.
i) Sega hulka vaarikamoos, kuni see on hästi segunenud.
j) Täida iga ekleer valge šokolaadi vaarika täidisega, kasutades torukotti.

VALGE ŠOKOLAADI VAARIKAGANAŠE:
k) Kuumuta koort kastrulis, kuni see hakkab lihtsalt podisema.
l) Vala kuum koor hakitud valge šokolaadi peale. Laske seista minut, seejärel segage ühtlaseks massiks.
m) Kasta iga ekleeri pealt valge šokolaadi vaarikaganache'i, tagades ühtlase katte.
n) Kaunista iga ekleeri värskete vaarikatega.
o) Enne serveerimist lase ganache'il umbes 15 minutit taheneda.

20.Tume šokolaadiapelsini ekleerid

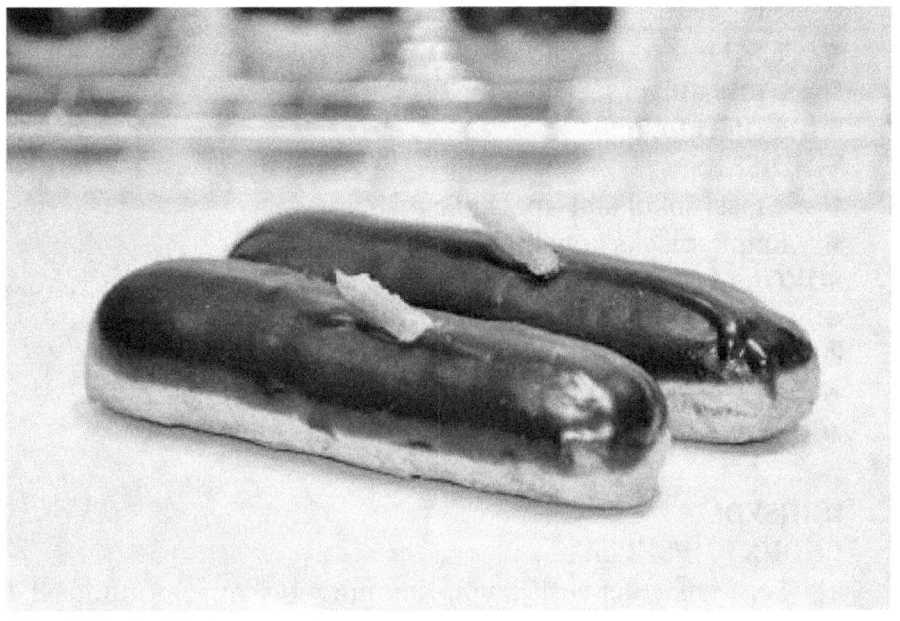

KOOSTISOSAD:

CHOUX SAIA JAOKS:
- 1 tass vett
- 1/2 tassi soolamata võid
- 1 tass universaalset jahu
- 4 suurt muna

TÄIDISEKS:
- 2 tassi šokolaadi-apelsini ganache
- Kaunistuseks apelsinikoor

ŠOKOLAADI GLAASI JUURDE:
- 1/2 tassi tumedat šokolaadi, tükeldatud
- 1/4 tassi soolamata võid
- 1 tass tuhksuhkrut
- 1/4 tassi kuuma vett

JUHISED:

CHOUX KÜPSETIS:
a) Sega kastrulis vesi ja või. Kuumuta keskmisel kuumusel, kuni või sulab ja segu keeb.
b) Tõsta tulelt, lisa korraga jahu ja sega intensiivselt, kuni segust moodustub pall.
c) Lase tainal mõni minut jahtuda, seejärel lisa ükshaaval munad, iga lisamise järel korralikult kloppides.
d) Tõsta tainas torukotti ja toru ekleerid ahjuplaadile.
e) Küpsetage eelkuumutatud ahjus temperatuuril 375 °F (190 °C) umbes 30 minutit või kuni kuldpruunini. Lase jahtuda.

TÄITMINE:
f) Valmistage šokolaadi-apelsini ganache, sulatades tume šokolaad ja lisades segusse apelsinikoor.
g) Kui ganache on veidi jahtunud, kuid siiski valatav, täitke ekleerid, süstides või määrides ganache keskele.

ŠOKOLAADI GLASE:
h) Kuumakindlas kausis sulata šokolaad ja või topeltkatla kohal.
i) Tõsta tulelt, lisa tuhksuhkur ja sega järk-järgult kuumas vees ühtlaseks massiks.
j) Kastke iga ekleeri ülaosa šokolaadiglasuuri sisse, laske liigsel maha tilkuda.

k) Puista iga ekleeri peale veel apelsinikoort, et saada tsitruseliste maitset.
l) Aseta täidetud ja glasuuritud ekleerid umbes 30 minutiks külmkappi, et šokolaad tarduksid.
m) Serveeri jahutatult ja naudi tumeda šokolaadi ja apelsini mõnusat kombinatsiooni nendes ainulaadsetes ekleerides!

21.Vürtsikad Mehhiko šokolaadiekleerid

KOOSTISOSAD:
CHOUX SAIA JAOKS:
- 1 tass vett
- 1/2 tassi soolamata võid
- 1 tass universaalset jahu
- 4 suurt muna

TÄIDISEKS:
- 2 tassi šokolaadi kaneeli ganache
- Näputäis cayenne'i pipart

ŠOKOLAADI GLAASI JUURDE:
- 1/2 tassi tumedat šokolaadi, tükeldatud
- 1/4 tassi soolamata võid
- 1 tass tuhksuhkrut
- 1/4 tl jahvatatud kaneeli

JUHISED:
CHOUX KÜPSETIS:
a) Sega kastrulis vesi ja või. Kuumuta keskmisel kuumusel, kuni või sulab ja segu keeb.
b) Tõsta tulelt, lisa korraga jahu ja sega intensiivselt, kuni segust moodustub pall.
c) Lase tainal mõni minut jahtuda, seejärel lisa ükshaaval munad, iga lisamise järel korralikult kloppides.
d) Tõsta tainas torukotti ja toru ekleerid ahjuplaadile.
e) Küpsetage eelkuumutatud ahjus temperatuuril 375 °F (190 °C) umbes 30 minutit või kuni kuldpruunini. Lase jahtuda.

TÄITMINE:
f) Valmista šokolaadi-kaneeli ganache, sulatades tume šokolaad ja lisades segusse jahvatatud kaneeli.
g) Lisage ganache'ile näpuotsatäis cayenne'i pipart, kohandades seda maitse järgi.
h) Kui ganache on veidi jahtunud, kuid siiski valatav, täitke ekleerid, süstides või määrides keskele vürtsikat šokolaadisegu.

ŠOKOLAADI GLASE:
i) Kuumakindlas kausis sulata šokolaad ja või topeltkatla kohal.

j) Tõsta tulelt, lisa tuhksuhkur ja sega järk-järgult kuumas vees ühtlaseks massiks.
k) Kastke iga ekleeri ülaosa šokolaadiglasuuri sisse, laske liigsel maha tilkuda.
l) Lase täidetud ja glasuuritud ekleeridel umbes 30 minutit külmkapis taheneda.
m) Serveeri jahutatult ja naudi nendes ekleerides ainulaadset vürtsika Mehhiko šokolaadi kombinatsiooni!

22.Sarapuupähklipralinee šokolaadi ekleerid

KOOSTISOSAD:
CHOUX SAIA JAOKS:
- 1 tass vett
- 1/2 tassi soolamata võid
- 1 tass universaalset jahu
- 4 suurt muna

TÄIDISEKS:
- 2 tassi sarapuupähklipralinee kreemi

ŠOKOLAADI GLAASI JUURDE:
- 1/2 tassi tumedat šokolaadi, tükeldatud
- 1/4 tassi soolamata võid
- Kaunistuseks purustatud sarapuupähkleid

JUHISED:
CHOUX KÜPSETIS:
a) Sega kastrulis vesi ja või. Kuumuta keskmisel kuumusel, kuni või sulab ja segu keeb.
b) Tõsta tulelt, lisa korraga jahu ja sega intensiivselt, kuni segust moodustub pall.
c) Lase tainal mõni minut jahtuda, seejärel lisa ükshaaval munad, iga lisamise järel korralikult kloppides.
d) Tõsta tainas torukotti ja toru ekleerid ahjuplaadile.
e) Küpsetage eelkuumutatud ahjus temperatuuril 375 °F (190 °C) umbes 30 minutit või kuni kuldpruunini. Lase jahtuda.

TÄITMINE:
f) Valmistage sarapuupähklipralinee kreem, lisades purustatud sarapuupähkleid põhilisesse kondiitrikreemi või vanillikaste.
g) Kui sarapuupähklipralinee kreem on valmis, täitke ekleerid, süstides või määrides kreemi keskele.

ŠOKOLAADI GLASE:
h) Kuumakindlas kausis sulata šokolaad ja või topeltkatla kohal.
i) Kastke iga ekleeri ülaosa šokolaadiglasuuri sisse, laske liigsel maha tilkuda.
j) Maitse ja tekstuuri lisamiseks puista iga ekleeri peale purustatud sarapuupähkleid.
k) Lase täidetud ja glasuuritud ekleeridel umbes 30 minutit külmkapis taheneda.
l) Serveeri jahutatult ja naudi sarapuupähklipralinee ja šokolaadi mõnusat kombinatsiooni nendes ekleerides!

23. Crème Brûlée Chocolate Éclairs

KOOSTISOSAD:
CHOUX SAIA JAOKS:
- 1 tass vett
- 1/2 tassi soolamata võid
- 1 tass universaalset jahu
- 4 suurt muna

TÄIDISEKS:
- 2 tassi šokolaadi vanillikaste (või šokolaadi kondiitrikreemi)

CRÈME BRÛLÉE KATTEKS:
- 1/4 tassi granuleeritud suhkrut
- Köögi tõrvik karamelliseerimiseks

JUHISED:
CHOUX KÜPSETIS:
a) Sega kastrulis vesi ja või. Kuumuta keskmisel kuumusel, kuni või sulab ja segu keeb.
b) Tõsta tulelt, lisa korraga jahu ja sega intensiivselt, kuni segust moodustub pall.
c) Lase tainal mõni minut jahtuda, seejärel lisa ükshaaval munad, iga lisamise järel korralikult kloppides.
d) Tõsta tainas torukotti ja toru ekleerid ahjuplaadile.
e) Küpsetage eelkuumutatud ahjus temperatuuril 375 °F (190 °C) umbes 30 minutit või kuni kuldpruunini. Lase jahtuda.

TÄITMINE:
f) Valmista šokolaadikreem või šokolaaditaignakreem ja lase jahtuda.
g) Kui choux tainas on jahtunud, täitke ekleerid, süstides või määrides keskele šokolaadikreemi.

CRÈME BRÛLÉE KATTE:
h) Puista iga ekleeri peale õhuke ühtlane kiht granuleeritud suhkrut.
i) Karamelliseerige suhkur köögipõleti abil, kuni see moodustab kuldpruuni kooriku. Ühtlase karamelliseerumise tagamiseks liigutage põletit ringjate liigutustega.
j) Lase karamelliseeritud suhkrul paar minutit jahtuda ja taheneda.
k) Serveeri Crème Brûlée Chocolate Éclairs krõbeda karamelliseeritud katte ja kreemja šokolaaditäidisega meeldiva kontrastiga.

24. Gluteenivabad šokolaadiekleerid

KOOSTISOSAD:
GLUTEENIVABA CHOUX küpsetise jaoks:
- 1 tass vett
- 1/2 tassi soolamata võid
- 1 tass gluteenivaba universaalset jahu
- 1/2 tl ksantaankummi (kui see ei sisaldu jahusegu koostises)
- 4 suurt muna

TÄIDISEKS:
- 2 tassi gluteenivaba šokolaadi kondiitrikreemi

ŠOKOLAADI GLAASI JUURDE:
- 1/2 tassi tumedat šokolaadi, tükeldatud
- 1/4 tassi soolamata võid
- 1 tass tuhksuhkrut
- 1/4 tassi kuuma vett

JUHISED:
GLUTEENIVABA CHOUX küpsetis:
a) Kuumuta ahi temperatuurini 375 °F (190 °C) ja vooderda küpsetusplaat küpsetuspaberiga.
b) Sega kastrulis vesi ja või. Kuumuta keskmisel kuumusel, kuni või sulab ja segu keeb.
c) Eemaldage kuumusest, lisage gluteenivaba jahu ja ksantaankummi (vajadusel) ning segage intensiivselt, kuni segu moodustab palli.
d) Lase tainal mõni minut jahtuda, seejärel lisa ükshaaval munad, iga lisamise järel korralikult kloppides.
e) Tõsta gluteenivaba choux tainas torukotti ja toru ekleerid ettevalmistatud küpsetusplaadile.
f) Küpseta umbes 30 minutit või kuni kuldpruunini. Lase jahtuda.

TÄITMINE:
g) Valmista gluteenivaba šokolaadi-taignakreem ja lase jahtuda.
h) Kui gluteenivaba choux küpsetis on jahtunud, täitke ekleerid, süstides või määrides keskele šokolaaditaignakreemi.

ŠOKOLAADI GLASE:
i) Sulata kuumakindlas kausis topeltkatla kohal tume šokolaad ja või.

j) Tõsta tulelt, lisa tuhksuhkur ja sega järk-järgult kuumas vees ühtlaseks massiks.
k) Kastke iga gluteenivaba ekleeri ülaosa šokolaadiglasuuri sisse, laske liigsel maha tilkuda.
l) Lase täidetud ja glasuuritud gluteenivabadel ekleeridel umbes 30 minutit külmkapis taheneda.
m) Serveeri jahutatult ja naudi nende maitsvate šokolaadiekleeride gluteenivaba versiooni!

25.Šokolaadi- ja soolakaramelli Éclairs

KOOSTISOSAD:
CHOUX SAIA JAOKS:
- 1 tass vett
- 1/2 tassi soolamata võid
- 1 tass universaalset jahu
- 4 suurt muna

TÄIDISEKS:
- 2 tassi soolakaramellkreemi
- Kaunistuseks lisa meresoola

ŠOKOLAADI GLAASI JUURDE:
- 1/2 tassi tumedat šokolaadi, tükeldatud
- 1/4 tassi soolamata võid
- 1 tass tuhksuhkrut
- 1/4 tassi kuuma vett

JUHISED:
CHOUX KÜPSETIS:
a) Kuumuta ahi temperatuurini 375 °F (190 °C) ja vooderda küpsetusplaat küpsetuspaberiga.
b) Sega kastrulis vesi ja või. Kuumuta keskmisel kuumusel, kuni või sulab ja segu keeb.
c) Eemaldage tulelt, lisage jahu ja segage intensiivselt, kuni segu moodustab palli.
d) Lase tainal mõni minut jahtuda, seejärel lisa ükshaaval munad, iga lisamise järel korralikult kloppides.
e) Tõsta tainas torukotti ja toru ekleerid ettevalmistatud ahjuplaadile.
f) Küpseta umbes 30 minutit või kuni kuldpruunini. Lase jahtuda.

TÄITMINE:
g) Valmistage soolakaramellkreem, lisades meresoola põhilisesse kondiitrikreemi või vanillikaste.
h) Kui choux tainas on jahtunud, täitke ekleerid, süstides või määrides soolakaramellikreemi keskele.

ŠOKOLAADI GLASE:
i) Sulata kuumakindlas kausis topeltkatla kohal tume šokolaad ja või.

j) Tõsta tulelt, lisa tuhksuhkur ja sega järk-järgult kuumas vees ühtlaseks massiks.
k) Kastke iga ekleeri ülaosa šokolaadiglasuuri sisse, laske liigsel maha tilkuda.
l) Soolakaramelli maitse lisamiseks puista iga šokolaadiga kaetud ekleeri peale näpuotsaga meresoola.
m) Lase täidetud ja glasuuritud ekleeridel umbes 30 minutit külmkapis taheneda.
n) Serveeri jahutatult ning naudi šokolaadi ja soolakaramelli hõrgutavat kombinatsiooni nendes ekleerides!

26. Pralineega täidetud šokolaadi Éclairs

KOOSTISOSAD:
CHOUX SAIA JAOKS:
- 1 tass vett
- 1/2 tassi soolamata võid
- 1 tass universaalset jahu
- 4 suurt muna

TÄIDISEKS:
- 2 tassi sarapuupähklipralinee kreemi

ŠOKOLAADI GLAASI JUURDE:
- 1/2 tassi tumedat šokolaadi, tükeldatud
- 1/4 tassi soolamata võid
- Kaunistuseks purustatud sarapuupähkleid

JUHISED:
CHOUX KÜPSETIS:
a) Kuumuta ahi temperatuurini 375 °F (190 °C) ja vooderda küpsetusplaat küpsetuspaberiga.
b) Sega kastrulis vesi ja või. Kuumuta keskmisel kuumusel, kuni või sulab ja segu keeb.
c) Eemaldage tulelt, lisage jahu ja segage intensiivselt, kuni segu moodustab palli.
d) Lase tainal mõni minut jahtuda, seejärel lisa ükshaaval munad, iga lisamise järel korralikult kloppides.
e) Tõsta tainas torukotti ja toru ekleerid ettevalmistatud ahjuplaadile.
f) Küpseta umbes 30 minutit või kuni kuldpruunini. Lase jahtuda.

TÄITMINE:
g) Valmistage sarapuupähklipralinee kreem, lisades purustatud sarapuupähkleid põhilisesse kondiitrikreemi või vanillikaste.
h) Kui choux tainas on jahtunud, täitke ekleerid, süstides või määrides keskele sarapuupähklipralineekreemi.

ŠOKOLAADI GLASE:
i) Sulata kuumakindlas kausis topeltkatla kohal tume šokolaad ja või.
j) Kastke iga ekleeri ülaosa šokolaadiglasuuri sisse, laske liigsel maha tilkuda.

k) Maitse ja tekstuuri lisamiseks puista iga ekleeri peale purustatud sarapuupähkleid.
l) Lase täidetud ja glasuuritud ekleeridel umbes 30 minutit külmkapis taheneda.
m) Serveeri jahtunult ja naudi nendes ekleerides pralinee ja šokolaadi meeldivat kombinatsiooni!

27.Šokolaad Pistaatsia Éclairs

KOOSTISOSAD:
CHOUX SAIA JAOKS:
- 1 tass vett
- 1/2 tassi soolamata võid
- 1 tass universaalset jahu
- 4 suurt muna

TÄIDISEKS:
- 2 tassi pistaatsia kondiitrikreemi

ŠOKOLAADI GLAASI JUURDE:
- 1/2 tassi tumedat šokolaadi, tükeldatud
- 1/4 tassi soolamata võid
- Kaunistuseks purustatud pistaatsiapähklid

JUHISED:
CHOUX KÜPSETIS:
a) Kuumuta ahi temperatuurini 375 °F (190 °C) ja vooderda küpsetusplaat küpsetuspaberiga.
b) Sega kastrulis vesi ja või. Kuumuta keskmisel kuumusel, kuni või sulab ja segu keeb.
c) Eemaldage tulelt, lisage jahu ja segage intensiivselt, kuni segu moodustab palli.
d) Lase tainal mõni minut jahtuda, seejärel lisa ükshaaval munad, iga lisamise järel korralikult kloppides.
e) Tõsta tainas torukotti ja toru ekleerid ettevalmistatud ahjuplaadile.
f) Küpseta umbes 30 minutit või kuni kuldpruunini. Lase jahtuda.

TÄITMINE:
g) Valmistage pistaatsiapähklite kreem, lisades purustatud pistaatsiapähklid tavalise kondiitrikreemi või vanillikaste hulka.
h) Kui choux tainas on jahtunud, täitke ekleerid, süstides või määrides keskele pistaatsiapähklitaignakreemi.

ŠOKOLAADI GLASE:
i) Sulata kuumakindlas kausis topeltkatla kohal tume šokolaad ja või.
j) Kastke iga ekleeri ülaosa šokolaadiglasuuri sisse, laske liigsel maha tilkuda.

k) Maitse ja tekstuuri lisamiseks puista iga ekleeri peale purustatud pistaatsiapähklid.
l) Lase täidetud ja glasuuritud ekleeridel umbes 30 minutit külmkapis taheneda.
m) Serveeri jahutatult ja naudi šokolaadi ja pistaatsia pistaatsia mõnusat kombinatsiooni nendes eclairides!

28. Chocolate Mousse Éclairs

KOOSTISOSAD:
CHOUX SAIA JAOKS:
- 1 tass vett
- 1/2 tassi soolamata võid
- 1 tass universaalset jahu
- 4 suurt muna

ŠOKOLAADI MOUSSE TÄIDISEKS:
- 1 1/2 tassi rasket koort
- 1 tass tumedat šokolaadi, tükeldatud
- 1/4 tassi granuleeritud suhkrut
- 1 tl vaniljeekstrakti

ŠOKOLAADI GLAASI JUURDE:
- 1/2 tassi tumedat šokolaadi, tükeldatud
- 1/4 tassi soolamata võid
- 1 tass tuhksuhkrut
- 1/4 tassi kuuma vett

JUHISED:
CHOUX KÜPSETIS:
a) Kuumuta ahi temperatuurini 375 °F (190 °C) ja vooderda küpsetusplaat küpsetuspaberiga.
b) Sega kastrulis vesi ja või. Kuumuta keskmisel kuumusel, kuni või sulab ja segu keeb.
c) Eemaldage tulelt, lisage jahu ja segage intensiivselt, kuni segu moodustab palli.
d) Lase tainal mõni minut jahtuda, seejärel lisa ükshaaval munad, iga lisamise järel korralikult kloppides.
e) Tõsta tainas torukotti ja piibu ekleerid ettevalmistatud küpsetusplaadile.
f) Küpseta umbes 30 minutit või kuni kuldpruunini. Lase jahtuda.

Šokolaadivahutäidis:
g) Sulata kuumakindlas kausis tume šokolaad topeltkatla kohal või mikrolaineahjus, sega ühtlaseks. Lase veidi jahtuda.
h) Vahusta koor eraldi kausis, kuni moodustuvad pehmed tipud. Lisa suhkur ja vaniljeekstrakt ning jätka vahustamist, kuni moodustuvad tugevad piigid.

i) Sega sulatatud šokolaad õrnalt vahukoore hulka, kuni see on hästi segunenud.
j) Kui ekleerid on jahtunud, täitke need šokolaadivahuga, süstides või määrides vahtu keskele.

ŠOKOLAADI GLASE:
k) Sulata kuumakindlas kausis topeltkatla kohal tume šokolaad ja või.
l) Tõsta tulelt, lisa tuhksuhkur ja sega järk-järgult kuumas vees ühtlaseks massiks.
m) Kastke iga ékleeri ülaosa šokolaadiglasuuri sisse, laske liigsel maha tilkuda.
n) Lase täidetud ja glasuuritud ekleeridel umbes 30 minutit külmkapis taheneda.
o) Serveeri jahutatult ning naudi dekadentlikku ja kreemjat Chocolate Mousse Éclairs'i

PUHJALISED ECLAIRS

29.Vaarika-virsikuvahu ekleerid

KOOSTISOSAD:
ECLAIR DOUGH:
- 3 suurt muna, toatemperatuuril
- 2/3 tassi vett
- 5 supilusikatäit soolata võid, lõigatud 1/2-tollisteks kuubikuteks
- 3/16 tl soola
- 2/3 tassi sõelutud universaalset jahu
- 1/2 tl sidrunikoort

VAARIKA-VIRSIKUVAHU TÄIDIS:
- 1/4 tassi külma vett
- 1 ümbrik maitsestamata pulbristatud želatiin
- 1 tass koort, jagatud
- 1 spl granuleeritud suhkrut
- 4 untsi Šveitsi valget šokolaadi, jämedalt hakitud
- 1/2 tassi külmutatud vaarikaid, sulatatud
- 2 spl Chambordi likööri
- 1/2 tassi peeneks hakitud värskeid või konserveeritud virsikuid

VAARIKAKASTE:
- 1 kott (12 untsi) külmutatud vaarikaid
- 3/4 tassi granuleeritud suhkrut
- 2 spl Chambordi likööri

GARNEERING:
- Kondiitrite suhkur
- Virsiku viilud
- Mint (valikuline)

JUHISED:
ECLAIR DOUGH:
a) Kuumuta ahi 425 kraadini F. Vooderda kaks küpsetusplaati küpsetuspaberiga.
b) Segage mune klaasist mõõtetopsis, kuni need on segunenud. Jäta 2 supilusikatäit lahtiklopitud mune väikesesse tassi.
c) Sega keskmises paksus kastrulis vesi, või ja sool. Kuumuta keskmisel kuumusel, kuni või on sulanud.

d) Tõsta kuumus keskmisele kõrgele ja lase segul keema tõusta. Eemaldage kuumusest.
e) Sega vispli abil jahu ja sidrunikoor. Vahusta tugevalt, kuni segu on ühtlane ja tõmbub panni servast eemale.
f) Tõsta pann puulusikaga pidevalt segades tagasi tulele. Küpseta 30–60 sekundit, kuni pasta moodustab väga ühtlase palli.
g) Tõsta pasta suurde kaussi.
h) Valage reserveeritud 1/2 tassi lahtiklopitud munad pastale ja klopige tugevalt puulusikaga 45–60 sekundit, kuni segu moodustab ühtlase pehme taigna.
i) Täitke 5/16-tollise tavalise otsaga kondiitritoodete kott ekleeritainaga. Toruge ettevalmistatud küpsetusplaatidele 4 1/2-tollist umbes 1/2-tollist riba, jättes ekleeride vahele umbes 1,5 tolli.
j) Pintselda ekleeride pealsed kergelt ülejäänud lahtiklopitud munaga.
k) Küpsetage ekleere 10 minutit, seejärel vähendage ahju temperatuuri 375 kraadini F. Jätkake küpsetamist 20–25 minutit, kuni need on sügavalt kuldpruunid. Tõsta restile ja jahuta täielikult.

VAARIKA-VIRSIKUVAHU TÄIDIS:
l) Valage külm vesi väikesesse tassi. Puista želatiin vee peale ja lase 5 minutit seista, et želatiin pehmeneks.
m) Sega väikeses kastrulis 1/2 tassi koort ja suhkrut. Kuumuta keskmisel kuumusel pidevalt segades, kuni segu kergelt keeb.
n) Lisage kuumale koorele pehmendatud želatiin ja vahustage, kuni želatiin on täielikult lahustunud.
o) Töötle köögikombainis valge šokolaad peeneks hakitud. Lisa kuum kooresegu ja töötle täiesti ühtlaseks.
p) Lisa sulatatud vaarikad ja Chambord valge šokolaadi segule. Töötle ühtlaseks.
q) Tõsta segu keskmisesse kaussi ja sega hulka tükeldatud virsikud.
r) Klopi jahutatud keskmises kausis keskmise kiirusega käsimikseri abil 1/2 tassi koort, kuni moodustuvad pehmed tipud.
s) Sega vahukoor õrnalt valge-šokolaadi-vaarikasegu hulka.

t) Kata vahu pind kilega ja pane 15 minutiks külmkappi või seni, kuni see on paksenenud kuni pehmete küngaste moodustumiseni. Ärge laske vahul täielikult tarduda.

VAARIKAKASTE:

u) Sega keskmises kastrulis külmutatud vaarikad ja suhkur. Keeda keskmisel kuumusel pidevalt segades, kuni suhkur on täielikult lahustunud ja marjad pehmed. Ärge laske segul keema tõusta.

v) Kurna vaarikasegu läbi peene sõela kaussi.

w) Sega juurde Chambor. Kata ja hoia kuni serveerimiseni külmkapis.

KOKKU KOKKUVÕTE ECLAIRS:

x) Lõika ekleerid pooleks ja eemalda niiske tainas.

y) Täida iga ekleer umbes kolme supilusikatäie vaarika-virsikuvahutäidisega.

z) Asendage ekleeri ülaosa.

aa) Puista ekleerid soovi korral üle kondiitri suhkruga.

bb) Nirista igale magustoidutaldrikule osa vaarikakastet.

cc) Peal ekleer.

dd) Kaunista soovi korral virsikuviilude ja piparmündiga.

30. Oranž Ekleerid

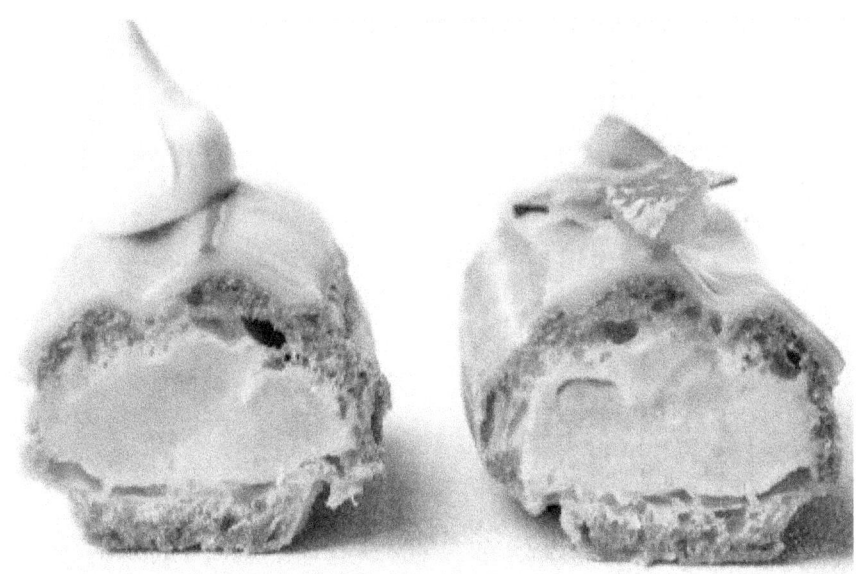

KOOSTISOSAD:
ECLAIRS:
- 3 spl 70% peti-taimeõlimääret
- 1/4 teelusikatäit soola
- 3/4 tassi universaalset jahu
- 2 muna
- 1 munavalge

KONDIITRIKREEM:
- 2/3 tassi 1% madala rasvasisaldusega piima
- 3 supilusikatäit suhkrut
- 4 tl universaalset jahu
- 2 tl maisitärklist
- 1/8 tl soola
- 1 munakollane
- 1 tl 70% peti-taimeõlimääret
- 2 tl riivitud apelsinikoort
- 1 tl apelsini ekstrakti
- 1/2 tl vanilli
- 12 tassi külmutatud rasvavaba, piimavaba vahustatud kate, sulatatud

ŠOKOLAADI GLASE:
- 1/4 tassi madala rasvasisaldusega magustatud kondenspiima
- 2 spl magustamata kakaopulbrit
- 2-4 tl vett (vajadusel)

JUHISED:
ECLAIRS:
a) Sega väikeses kastrulis taimeõlimääre, sool ja 3/4 tassi vett. Kuumuta keemiseni. Eemaldage kuumusest.
b) Lisa korraga jahu ja sega kiiresti puulusikaga, kuni segu on palliks.
c) Asetage kastrul 3-4 minutiks madalale kuumusele, et tainas kuivaks, segades pidevalt puulusikaga. Tainas peaks olema pehme ja mitte kleepuv.
d) Tõsta tainas köögikombaini või tugeva elektrimikseri suurde kaussi. Jahuta 5 minutit.
e) Lisa ükshaaval munad ja munavalge, segades pärast iga lisamist täiesti ühtlaseks.

f) Katke küpsetusplaat mittenakkuva pihustiga. Täida suur kondiitritoode (ilma otsata) tainaga. Pigista küpsetusplaadile välja 8 ekleeri, millest igaüks on 1 tolli läbimõõduga ja 4 tolli pikk. Laske neil kuivada vähemalt 10 minutit.
g) Kuumuta ahi temperatuurini 375 ° F. Küpseta 35–40 minutit või kuni see on kuldne ja täielikult küpsenud. Tõsta restile jahtuma.

KONDIITRIKREEM:
h) Segage väikeses kastrulis piim, suhkur, jahu, maisitärklis ja sool, kuni see on segunenud.
i) Keeda keskmisel kuumusel pidevalt segades, kuni segu keeb ja pakseneb, 4-5 minutit.
j) Eemaldage kuumusest. Klopi väikeses kausis kergelt lahti munakollane. Vispelda vähehaaval juurde umbes 1/4 tassi kuuma piima segu.
k) Klopi munakollasesegu pannil tagasi piimasegu hulka. Pane pann tagasi keskmisele-madalale tulele ja vahusta segu umbes 30 sekundit, kuni see hakkab lihtsalt podisema. Eemaldage kuumusest.
l) Segage taimeõlimääret, koort ning apelsini- ja vaniljeekstrakte, kuni see on ühtlane ja sulanud. Tõsta kaussi.
m) Vajutage kile otse pinnale. Jahutage toatemperatuurini, seejärel jahutage põhjalikult külmkapis, umbes 2 tundi.
n) Voldi sisse vahustatud kate. Hoia kokkupanemiseks valmis külmkapis.

EKLAIRIDE KOOSTAMINE:
o) Lõika iga ekleer pikuti pooleks.
p) Tõsta igasse ekleeripõhja umbes 3 spl kondiitrikreemi. Vahetage pealsed välja.

ŠOKOLAADI GLASE:
q) Sega väikeses kastrulis kondenspiim ja kakaopulber.
r) Kuumuta tasasel tulel pidevalt segades, kuni segu mullitab ja pakseneb, 1-2 minutit.
s) Määri ekleeride ülaosale. Kui glasuur on liiga paks, lahjenda 2-4 tl veega.
t) Serveeri kohe ja naudi neid maitsvaid Eclairs à l'Apelsini!

31.Passion Fruit Eclairs

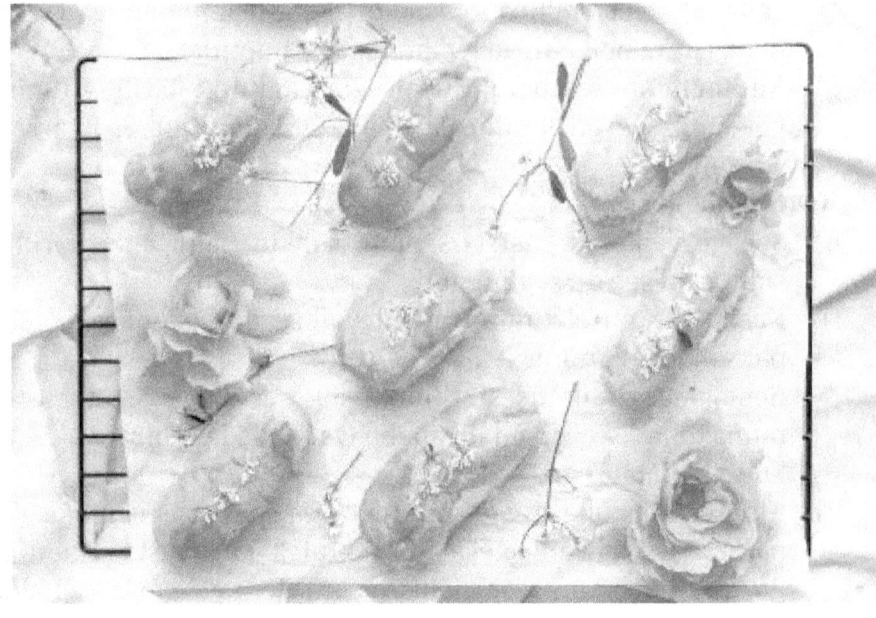

KOOSTISOSAD:
ECLAIRS:
- ½ tassi soolata võid
- 1 tass vett
- 1 tass universaalset jahu
- ¼ teelusikatäit koššersoola
- 4 muna

Passionivilja saiakreemi jaoks:
- 6 kannatusvilja (mahlaga)
- 5 munakollast
- ⅓ tassi maisitärklist
- ¼ teelusikatäit koššersoola
- ⅔ tassi granuleeritud suhkrut
- 2 tassi täispiima
- 1 spl Võid

JUHISED:
ECLAIRS:
a) Kuumuta ahi temperatuurini 425 ° F.
b) Aja pliidil suures potis vesi ja või keema.
c) Segage soola ja pärast lahustumist lisage jahu, segades kuni moodustub želatiinne pall.
d) Tõsta kuum tainas segamisnõusse ja lase 2 minutit jahtuda.
e) Lisa ükshaaval munad, sega, kuni see on täielikult segunenud.
f) Tõsta tainas torukotti.
g) Tõsta pärgamendiga vooderdatud ahjuplaadile 3-tollised taignatorud.
h) Küpseta kuldpruuniks, umbes 20-25 minutit.
i) Laske ekleeridel jahtuda ja jagage need siis pooleks, asetades täidise poolte vahele, või kasutage kondiitrikotti, et täidis sees torustada.

Passionivilja saiakreemi jaoks:
j) Valage kannatusviljadest mahl, seemnete eemaldamiseks kurnake.
k) Sega kausis munakollased, maisitärklis, sool ja suhkur.

l) Lisa pidevalt vahustades munasegule järk-järgult kuum piim, et vältida vahustamist.

m) Vala segu tagasi kastrulisse ja kuumuta keskmisel kuumusel, kuni see pakseneb nagu puding.

n) Eemaldage kuumusest, lisage kuumale kondiitrikreemile passioniviljamahl ja või, segades, kuni see on täielikult segunenud.

o) Laske kondiitrikreemil toatemperatuuril jahtuda, seejärel hoidke kilega kaetult kuni 3 päeva külmkapis.

p) Kui olete kokkupanemiseks valmis, tõsta jahtunud kondiitrikreem kondiitrikotti, viiluta ekleer ja täida seest koorega.

32.Täisterast puuviljased ekleerid

KOOSTISOSAD:
CHOUX KÜPSETIS:
- ½ tassi vett
- ¼ tassi soolamata võid
- Näputäis soola
- ¼ tassi universaalset jahu
- ¼ tassi täistera nisujahu
- 2 tükki terveid mune

TÄITMINE:
- 1 tass rasvavaba piima või piimavaba pähklipiima
- 2 spl stevia suhkrusegu
- 1 tükk munakollast
- 2 supilusikatäit maisitärklist
- Näputäis soola
- 1 tl vanilli
- ½ tassi vahukoort
- Katteks värsked puuviljad

JUHISED:
a) Kuumuta ahi temperatuurini 375 °F/190 Määri ja vooderda üks küpsiseleht.
b) Sega kastrulis vesi, või ja sool. Kuumuta kuni või sulab ja vesi keeb. Alandage kuumust. Lisa jahud ja sega intensiivselt, kuni segu panni külgedelt lahkub. Eemaldage kuumusest ja jahutage veidi. Puulusikaga; klopi ükshaaval sisse munad ühtlaseks.
c) Jätka peksmist, kuni see on väga sile ja läikiv. Tõsta segu kondiitrikotti. Toruge välja umbes 3 tolli pikkused ja 2 tolli vahega ribad. Küpseta 375F 30-45 minutit; jätka küpsetamist, kuni ekleerid on pruunid ja täielikult kuivanud. Jahuta restidel.

VALMISTA KREEMITÄIDIS:
d) Sega potis suhkur, maisitärklis, sool, piim ja munakollased. Kuumuta keskmisel madalal kuumusel pidevalt segades, kuni segu pakseneb. Eemaldage kuumusest. Sega juurde vanill. Pane külmkappi jahtuma.
e) Kui vanillikaste on jahtunud, sega ettevaatlikult sisse vahukoor. Asetage torukotti.

KOOSTAMA:
f) Täida saiakesed kreemitäidisega ja kaunista värskete puuviljadega.
g) Servceri.

33. Passion Fruit ja Raspberry Éclairs

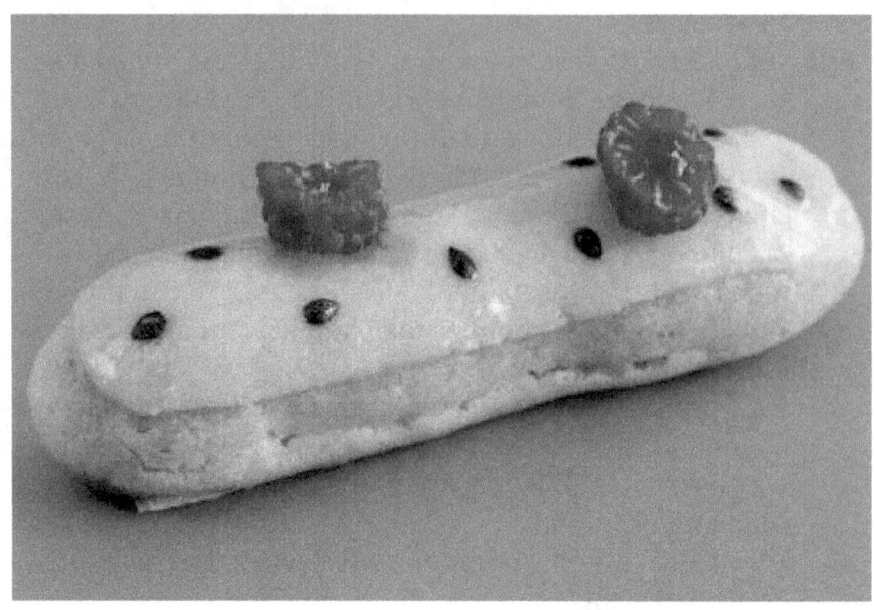

KOOSTISOSAD:

NEUTRAALGLAASI KOHTA:
- 125 g vett
- 5 g NH-pektiini (1 teelusikatäis)
- 30 g granuleeritud suhkrut
- 100 g granuleeritud suhkrut
- 8 g glükoosisiirupit

KIRKUPUUVILJAKREEMI PUHUL:
- 75 g Passioni puuviljamahla (umbes 7 puuvilja)
- 10 g sidrunimahla
- 1 g želatiini
- 105 g muna (~2)
- 85 g granuleeritud suhkrut
- 155 g võid (toatemperatuur)

VAARIKA KONFIDI KOHTA:
- 60 g granuleeritud suhkrut
- 4 g pektiini (peaaegu teelusikatäis)
- 90 g vaarikamahla
- 30 g glükoosisiirupit
- 20 g sidrunimahla

CHOUX SAIA JAOKS:
- 85 g piima
- 85 g vett
- 1 näputäis soola
- 85 g soolamata võid
- 85 g leivajahu
- 148 g muna
- 3 g suhkrut
- 1 vanilje ekstrakt

DEKORATSIOON:
- 100 g mandlipastat (50% mandlitega)
- Kollane värv (vastavalt vajadusele)
- Oranž värv (vastavalt vajadusele)
- Kuldne toidusära (valikuline)
- 20 värsket vaarikat

JUHISED:
NEUTRAALGLAASI KOHTA:
a) Sega 30g suhkrut pektiiniga.
b) Kuumuta potis vesi, lisa pidevalt segades suhkur ja pektiin.
c) Lisa pidevalt segades ülejäänud suhkur ja glükoos ning kuumuta keemiseni.
d) Kurna segu ja hoia enne kasutamist vähemalt 24 tundi külmkapis.

KIRKUPUUVILJAKREEMI PUHUL:
e) Lõika kannatusviljad kaheks, eralda viljaliha, kurna mahla saamiseks.
f) Lase želatiinil passionimahlas 5 minutit õitseda.
g) Sega passionimahl, sidrunimahl, suhkur ja munad kausis keeva vee kohal, vahustades kuni paksenemiseni.
h) Jahuta koor kiiresti temperatuurini 45 °C, seejärel lisa kaks korda sukelmiksriga segades tükeldatud või. Tõsta torukotti külmkappi.

VAARIKA KONFIDI KOHTA:
i) Segage ja kurnake värsked vaarikad seemnete eemaldamiseks (kogukaal pärast seda sammu peaks olema 90 g).
j) Keeda vaarikamahl, sega suhkur ja pektiin, lisa vaarikatele ja kuumuta keemiseni. Hoia vajaduseni külmkapis.

CHOUX SAIA JAOKS:
k) Keeda kastrulis piim, vesi, sool ja või. Veenduge, et või oleks täielikult sulanud.
l) Tõsta tulelt, lisa jahu, sega ja pane pann uuesti tulele, kloppides seni, kuni tainas tuleb külgedelt lahti ja jätab põhjale õhukese kile.
m) Tõsta tainas kaussi, lase jahtuda ja lisa ükshaaval munad, kuni see muutub läikivaks, kuid tugevaks. Tõsta 11 cm triibud võiga määritud või küpsetuspaberiga vooderdatud ahjuplaadile.
n) Kuumuta ahi 250°C-ni, lülita see välja, jäta plaat sees 12-16 minutiks. Lülitage ahi 160°C sisse, küpsetage veel 25-30 minutit.

ÉCLAIRSIDE KOOSTAMINE:
o) Tee küpsetatud ekleeride põhjale noaotsaga kolm auku.

p) Täida éclairs väikese koguse vaarika confitiga, seejärel täida need täielikult kannatusviljakreemiga.
q) Töötage mandlipastat värviga, et saada soe kollane värv, lõigake see ékleeri kujuliseks.
r) Kuumutage 120g neutraalset glasuuri vedelaks (mitte üle 40°C).
s) Pintselda ekleeride ülaosa neutraalse glasuuriga, kleebi peale mandlipasta kate.
t) Lisa ülejäänud glasuurile kuldset sädelust, glasuuri peale mandlipastat, seejärel lisa viilutatud vaarikad ja näpuotsaga järelejäänud vaarikakonfitit.

34. Maasikad ja koorekleerid

KOOSTISOSAD:
ECLAIRS:
- 80 grammi (1/3 tassi) vett
- 80 grammi (1/3 tassi) täispiima
- 72 grammi (5 supilusikatäit) soolamata võid
- 3 grammi (3/4 teelusikatäit) ülipeent suhkrut
- 2,5 grammi (1/2 teelusikatäit) soola
- 90 grammi (3/4 tassi) valge leivajahu
- 155 grammi (5 1/2 untsi) lahtiklopitud muna (3 keskmist muna)

TÄITMISEKS:
- 300 milliliitrit (1 1/4 tassi) koort
- 1 spl ülipeent suhkrut
- 1 tl vanilli
- Tuhksuhkur, tolmuks
- 8 kuni 10 maasikat, viilutatud

JUHISED:
ECLAIRS:
a) Sega kastrulis keskmisel kuumusel vesi, piim, või, ülipeen suhkur ja sool. Kuumuta segu kergelt keema (umbes 1 minut).
b) Kui see keeb, lisa jahu ja sega pidevalt, kuni moodustub läikiv taignapall (umbes 2 minutit).
c) Tõsta tainas suurde kaussi ja lase 2 minutit jahtuda.
d) Lisa aeglaselt üks neljandik lahtiklopitud munasegust, sega puulusikaga homogeenseks massiks.
e) Jätkake muna lisamist aeglaselt, kuni tainas on langenud (kukkub lusikalt 3 sekundiga). Olge ettevaatlik, et segu ei muutuks liiga vedelaks.
f) Tõsta tainas prantsuse täheotsikuga varustatud torukotti. Tõsta kümme 5-tollist taignajoont silikoonmati või küpsetuspaberiga kaetud ahjuplaadile. Pane 20 minutiks sügavkülma.
g) Kuumuta ahi 205 kraadini C/400 kraadi F.
h) Vahetult enne ekleeride lisamist lisa ahju põhja 2 spl vett, et tekiks aur. Asetage ekleerid kohe ahju, alandage temperatuur

160 kraadini C/320 kraadi F ja küpsetage kuldpruuniks (30 kuni 35 minutit). Lase jahtuda.

TÄIDISEKS:
i) Vahusta koor, ülipeen suhkur ja vanill, kuni moodustuvad väga pehmed tipud.
j) Viige segu torukotti, mis on varustatud prantsuse täheotsiku või mõne muu dekoratiivse otsaga.

KOOSTAMINE:
k) Lõika jahtunud ekleerikoored pikuti pooleks, et moodustada ülemine ja alumine kestad.
l) Puista ülemised kestad kergelt tuhksuhkruga üle.
m) Alumisele koorele asetage viilutatud maasikad, seejärel vahukoort keerutades.
n) Aseta ülemised kestad kreemile, seejärel torka peale veel väikeste tükidena vahukoort ja kaunista veel värskete maasikatega.

35.Segamarjade ekleerid

KOOSTISOSAD:
CHOUX SAIA JAOKS:
- 1 tass vett
- 1/2 tassi soolamata võid
- 1 tass universaalset jahu
- 1/2 teelusikatäit soola
- 1 spl suhkrut
- 4 suurt muna

MARJASEGATIDISE JUURDE:
- 1 tass maasikaid, tükeldatud
- 1/2 tassi mustikaid
- 1/2 tassi vaarikaid
- 1/4 tassi murakad
- 1/4 tassi granuleeritud suhkrut
- 1 spl sidrunimahla
- 1 spl maisitärklist segada 2 spl veega (paksendamiseks)

VANILLSE KOIANAKREEMI KOHTA:
- 2 tassi täispiima
- 1/2 tassi granuleeritud suhkrut
- 1/4 tassi maisitärklist
- 4 suurt munakollast
- 2 tl vaniljeekstrakti

MARJAGLASUURI KOHTA :
- 1/2 tassi segatud marjamoosi (kurna seemnete eemaldamiseks)
- 2 spl vett

JUHISED:
CHOUX KÜPSETIS:
a) Kuumuta ahi temperatuurini 425 °F (220 °C). Vooderda ahjuplaat küpsetuspaberiga.
b) Sega kastrulis keskmisel kuumusel vesi, või, sool ja suhkur. Kuumuta keemiseni.
c) Eemaldage tulelt ja segage kiiresti jahu, kuni moodustub tainas.
d) Pane pann madalale tulele ja küpseta tainast pidevalt segades 1-2 minutit, et see kuivaks.
e) Tõsta tainas suurde segamisnõusse. Lase paar minutit jahtuda.

f) Lisa ükshaaval munad, pärast iga lisamist korralikult kloppides, kuni tainas on ühtlane ja läikiv.
g) Tõsta tainas suure ümara otsaga torukotti. Toruge ettevalmistatud küpsetusplaadile 4-tollised pikad ribad.
h) Küpsetage 15 minutit temperatuuril 425 °F, seejärel vähendage temperatuuri 190 °C-ni (375 °F) ja küpsetage veel 20 minutit või kuni see on kuldpruun. Lase täielikult jahtuda.

SEGATUD MARJATÄIDIS:
i) Sega potis maasikad, mustikad, vaarikad, murakad, suhkur ja sidrunimahl.
j) Küpseta keskmisel kuumusel, kuni marjad vabastavad mahla ja muutuvad pehmeks.
k) Sega juurde maisitärklise-vee segu ja keeda, kuni segu pakseneb.
l) Eemaldage kuumusest ja laske jahtuda.

VANILLI KOIGNAKREEM:
m) Kuumuta potis piima, kuni see aurab, kuid mitte keeb.
n) Vahusta eraldi kausis suhkur, maisitärklis ja munakollased, kuni need on hästi segunenud.
o) Valage kuum piim järk-järgult munasegusse, pidevalt vahustades.
p) Vala segu tagasi kastrulisse ja küpseta keskmisel kuumusel pidevalt segades, kuni see pakseneb.
q) Eemaldage tulelt, segage vaniljeekstraktiga ja laske jahtuda.

MARJAGLAAŽ :
r) Kuumuta väikeses potis segatud marjamoosi ja vett, kuni moodustub ühtlane glasuur.
s) Kurna, et eemaldada kõik seemned.

KOOSTAMINE:
t) Lõika iga jahtunud ekleer horisontaalselt pooleks.
u) Tõsta iga ekleeri alumisele poolele lusikaga või piibuga vaniljetaignakreem.
v) Tõsta kondiitrikreemile lusikaga segatud marjatäidis.
w) Aseta ekleeri ülemine pool täidisele.
x) Nirista või pintselda iga ekleeri peale marjaglasuuri.
y) Serveeri jahutatult ja naudi oma mõnusaid marjaseguekleere!

36.Vaarika ja sidruni besee ekleerid

KOOSTISOSAD:
CHOUX SAIA JAOKS:
- 1 tass vett
- 1/2 tassi soolamata võid
- 1 tass universaalset jahu
- 1/2 teelusikatäit soola
- 1 spl suhkrut
- 4 suurt muna

VAARIKATÄIDISE JUURDE:
- 1 tass värskeid vaarikaid
- 1/4 tassi granuleeritud suhkrut
- 1 spl sidrunimahla

SIDRUNIKOHUPIIMA JAOKS:
- 3 suurt sidrunit, koor ja mahl
- 1 tass granuleeritud suhkrut
- 4 suurt muna
- 1/2 tassi soolamata võid, kuubikuteks

BESESE KATTEKS:
- 4 munavalget
- 1 tass granuleeritud suhkrut
- 1 tl vaniljeekstrakti

JUHISED:
CHOUX KÜPSETIS:
a) Kuumuta ahi temperatuurini 425 °F (220 °C). Vooderda ahjuplaat küpsetuspaberiga.
b) Sega kastrulis keskmisel kuumusel vesi, või, sool ja suhkur. Kuumuta keemiseni.
c) Eemaldage tulelt ja segage kiiresti jahu, kuni moodustub tainas.
d) Pane pann madalale tulele ja küpseta tainast pidevalt segades 1-2 minutit, et see kuivaks.
e) Tõsta tainas suurde segamisnõusse. Lase paar minutit jahtuda.
f) Lisa ükshaaval munad, pärast iga lisamist korralikult kloppides, kuni tainas on ühtlane ja läikiv.
g) Tõsta tainas suure ümara otsaga torukotti. Toruge ettevalmistatud küpsetusplaadile 4-tollised pikad ribad.

h) Küpsetage 15 minutit temperatuuril 425 °F, seejärel vähendage temperatuuri 190 °C-ni (375 °F) ja küpsetage veel 20 minutit või kuni see on kuldpruun. Lase täielikult jahtuda.

VAARIKATÄIDIS:
i) Sega potis vaarikad, suhkur ja sidrunimahl.
j) Kuumuta keskmisel kuumusel, kuni vaarikad lagunevad ja segu pakseneb.
k) Eemaldage kuumusest ja laske jahtuda.

SIDRUNIKOHUPIIM:
l) Vahusta kuumakindlas kausis sidrunikoor, sidrunimahl, suhkur ja munad.
m) Asetage kauss keeva veega poti kohale, tagades, et kausi põhi ei puutuks veega kokku.
n) Vahusta pidevalt, kuni segu pakseneb.
o) Tõsta tulelt ja vahusta kuubikutega või ühtlaseks.
p) Kurna kohupiim kuivainete eemaldamiseks. Lase jahtuda.

BESESE KAITE:
q) Vahusta puhtas ja kuivas kausis munavalgeid, kuni moodustuvad pehmed piigid.
r) Lisa vahustamist jätkates järk-järgult suhkur, kuni moodustuvad tugevad piigid.
s) Sega õrnalt sisse vanilliekstrakt.

KOOSTAMINE:
t) Lõika iga jahtunud ekleer horisontaalselt pooleks.
u) Tõsta lusikaga või toruga sidrunikohupiima iga ekleeri alumisele poolele.
v) Tõsta sidrunikohupiima peale lusikaga vaarikatäidis.
w) Aseta ekleeri ülemine pool täidisele.
x) Toru või lusikaga iga ekleeri peale besee.
y) Pruunista besee kergelt köögipõleti abil või aseta ekleerid mõneks sekundiks broileri alla.
z) Serveeri jahutatult ja naudi vaarika, sidruni ja besee veetlevat kombinatsiooni igas suutäies!

37.Vaarika ja piimašokolaadi ekleerid

KOOSTISOSAD:
CHOUX SAIA JAOKS:
- 1 tass vett
- 1/2 tassi soolamata võid
- 1 tass universaalset jahu
- 1/2 teelusikatäit soola
- 1 spl suhkrut
- 4 suurt muna

VAARIKATÄIDISE JUURDE:
- 1 tass värskeid vaarikaid
- 1/4 tassi granuleeritud suhkrut
- 1 spl sidrunimahla

PIIMAŠOKOLAADI GANATŠE JAOKS:
- 200 g piimašokolaadi, peeneks hakitud
- 1 tass rasket koort

JUHISED:
CHOUX KÜPSETIS:
a) Kuumuta ahi temperatuurini 425 °F (220 °C). Vooderda ahjuplaat küpsetuspaberiga.
b) Sega kastrulis keskmisel kuumusel vesi, või, sool ja suhkur. Kuumuta keemiseni.
c) Eemaldage tulelt ja segage kiiresti jahu, kuni moodustub tainas.
d) Pane pann madalale tulele ja küpseta tainast pidevalt segades 1-2 minutit, et see kuivaks.
e) Tõsta tainas suurde segamisnõusse. Lase paar minutit jahtuda.
f) Lisa ükshaaval munad, pärast iga lisamist korralikult kloppides, kuni tainas on ühtlane ja läikiv.
g) Tõsta tainas suure ümara otsaga torukotti. Toruge ettevalmistatud küpsetusplaadile 4-tollised pikad ribad.
h) Küpsetage 15 minutit temperatuuril 425 °F, seejärel vähendage temperatuuri 190 °C-ni (375 °F) ja küpsetage veel 20 minutit või kuni see on kuldpruun. Lase täielikult jahtuda.

VAARIKATÄIDIS:
i) Sega potis vaarikad, suhkur ja sidrunimahl.
j) Kuumuta keskmisel kuumusel, kuni vaarikad lagunevad ja segu pakseneb.

k) Eemaldage kuumusest ja laske jahtuda.

PIIMAŠOKOLAADIGANAŠE:
l) Aseta peeneks hakitud piimašokolaad kuumakindlasse kaussi.
m) Kuumuta potis koort, kuni see hakkab lihtsalt podisema.
n) Vala kuum koor šokolaadile ja lase seista minut aega.
o) Sega ühtlaseks ja läikivaks. Lase veidi jahtuda.

KOOSTAMINE:
p) Lõika iga jahtunud ekleer horisontaalselt pooleks.
q) Iga ekleeri alumisele poolele lusikaga või toruga vaarikatäidis.
r) Aseta ekleeri ülemine pool täidisele.
s) Kasta iga ekleeri ülaosa piimašokolaadi ganache sisse või tõsta ganache lusikaga peale.
t) Lase ganache'il paar minutit taheneda.
u) Valikuline: Dekoratiivse puudutuse saamiseks nirista peale ekstra ganache.
v) Serveeri ja naudi magusa piimašokolaadi ja hapukate vaarikate mõnusat kombinatsiooni nendes veetlevates ekleerides!

38. Red Velvet Chocolate Raspberry Eclairs

KOOSTISOSAD:
CHOUX KÜPSETIS:
- 1 tass vett
- 1/2 tassi soolamata võid
- 1 tass universaalset jahu
- 1 spl kakaopulbrit
- 1/4 teelusikatäit soola
- 4 suurt muna

RED VELVETI ŠOKOLAADI KOndiitrikreem:
- 500 ml piima
- 120 g suhkrut
- 50 g tavalist jahu
- 60 g kakaopulbrit
- 120 g munakollast (umbes 6 muna)
- Punane toiduvärv

ŠOKOLAADI VAARIKAGANAŠE:
- 200 ml rasket koort
- 200 g tumedat šokolaadi
- Vaarika ekstrakt või püree

JUHISED:
CHOUX KÜPSETIS:
a) Kuumuta ahi 200°C (ventilaator 180°C) ja vooderda küpsetusplaat küpsetuspaberiga.
b) Sega kastrulis vesi, või, kakaopulber ja sool. Kuumuta keskmisel kuumusel keemiseni.
c) Lisa jahu korraga, intensiivselt segades, kuni moodustub ühtlane tainas. Jätkake küpsetamist segades veel 1-2 minutit.
d) Tõsta tainas segamisnõusse ja lase veidi jahtuda.
e) Lisa ükshaaval munad, pärast iga lisamist korralikult kloppides, kuni tainas on ühtlane ja läikiv.
f) Tõsta choux tainas torukotti ja vooli ettevalmistatud alusele éclair-kujulisteks vormideks.
g) Küpseta kuldpruuniks ja paisunud. Lase jahtuda.

RED VELVETI ŠOKOLAADI KOndiitrikreem:
h) Kuumuta piim kastrulis soojaks, kuid mitte keemiseni.
i) Vahusta kausis suhkur, jahu ja kakaopulber.

j) Lisage kuivained järk-järgult soojale piimale, pidevalt vahustades, et vältida tükkide tekkimist.
k) Klopi eraldi kausis lahti munakollased. Lisa pidevalt vahustades munakollastele vähehaaval kulbitäis kuuma piimasegu.
l) Vala munakollasesegu tagasi kastrulisse ja jätka küpsetamist, kuni kondiitrikreem pakseneb.
m) Tõsta tulelt, lisa punast toiduvärvi kuni soovitud värvi saavutamiseni ja lase jahtuda.

ŠOKOLAADI VAARIKAGANAŠE:

n) Kuumuta koort kastrulis, kuni see hakkab lihtsalt podisema.
o) Vala kuum koor tumeda šokolaadi peale. Laske seista minut, seejärel segage ühtlaseks massiks.
p) Lisa vaarikaekstrakt või püree šokolaadi ganache'ile, et vaarikamaitset tunda.

KOOSTAMINE:

q) Lõika jahtunud ekleerid horisontaalselt pooleks.
r) Täitke kott punase sametise šokolaadi kondiitrikreemiga ja kandke see iga eclaari alumisele poolele.
s) Kastke iga ékleeri ülaosa šokolaadi vaarikaganache'i, laske ülejäägil maha tilkuda.
t) Asetage šokolaadiga kastetud ekleerid restile, et ganache hanguks.
u) Soovi korral nirista peale täiendava dekadentsi saavutamiseks ganache'i.

39.Banaanikreemi pirukas Eclairs

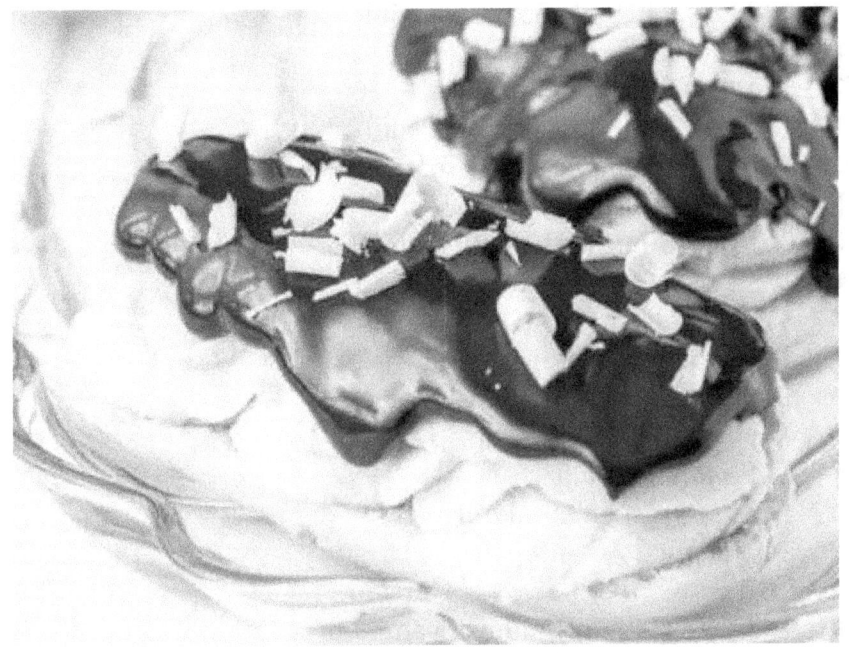

KOOSTISOSAD:
KESTA PUHUL:
- 1/2 tassi (115 g) soolamata võid
- 1 spl suhkrut
- 1/4 teelusikatäit soola
- 1 tass (125 g) universaalset jahu
- 4 suurt toatemperatuuril muna

TÄITMISEKS :
- 2 tassi (480 ml) täispiima (sobib ka 2%)
- 1/3 tassi (65 g) suhkrut
- 3 munakollast
- 3 ½ supilusikatäit maisitärklist
- 1 spl puhast vaniljeekstrakti
- 1 spl vaniljekauna pasta
- 1/4 tl koššersoola
- 1/2 tassi rasket vahukoort
- 2 banaani

JUURDE :
- 1/2 tassi (120 ml) tugevat vahukoort
- 1 tass (175 g) poolmagusaid šokolaaditükke
- 1 spl soolata võid, pehmendatud (valikuline)

JUHISED:
a) Kuumuta ahi temperatuurini 375 °F (190 °C).
VALMISTAGE küpsetiste koored:
b) Keeda potis vesi, või, suhkur ja sool. Lisa jahu, sega, kuni moodustub taignapall. Sega 3-4 minutit, kuni moodustub kerge koorik.
c) Tõsta tainas segamisnõusse, jahuta toatemperatuurini. Lisa ükshaaval munad, pärast iga lisamist korralikult vahustades. Tainas peaks olema ühtlane ja paelalaadne.
d) Lõika tainas 4-tollisteks ribadeks ja küpseta 30–35 minutit, kuni see on paisunud ja kuldpruun. Pärast jahutamist lõigake ekleerid horisontaalselt pooleks.
VALMISTA PUDDING:

e) Kuumuta piim kastrulis. Vahusta kausis munakollased, suhkur, maisitärklis, vanilliekstrakt, vaniljekaunapasta ja sool. Lisa aeglaselt kõrbenud piim, et munasegu karastada.
f) Küpseta keskmisel kuumusel pidevalt segades kuni paksuks. Tõsta läbi sõela ja jahuta.
g) Vahusta koor, kuni moodustuvad tugevad piigid. Voldi jahtunud puding.

KOKKUVÕTE ECLAIRS:
h) Laota banaaniviilud éclairi kestade alumisele poolele.
i) Torutage täidis ja asetage kestade ülaosa tagasi.
j) Kuumuta raske koor keema. Vala šokolaaditükkidele, lase 2 minutit seista, seejärel sega ühtlaseks massiks. Sära saamiseks sega juurde või.
k) Vala šokolaadi ganache ekleeridele ja serveeri.
l) Kokkupandud ekleere säilib külmkapis kuni 2 päeva.
m) Nautige nende banaanikreemi pirukaekleeride dekadentsi ja nautige veetlevat maiuspala!

40.Maasikakreem Éclairs

KOOSTISOSAD:
CHOUX SAIA JAOKS:
- 1 tass vett
- 1/2 tassi soolamata võid
- 1 tass universaalset jahu
- 4 suurt muna

TÄIDISEKS:
- 2 tassi vahukoort
- 1 tass värskeid maasikaid, tükeldatud

GLASUURI KOHTA:
- 1/2 tassi valget šokolaadi, tükeldatud
- 1/4 tassi soolamata võid
- 1 tass tuhksuhkrut
- 1/4 tassi kuuma vett

JUHISED:
CHOUX KÜPSETIS:
a) Kuumuta ahi temperatuurini 375 °F (190 °C) ja vooderda küpsetusplaat küpsetuspaberiga.
b) Sega kastrulis vesi ja või. Kuumuta keskmisel kuumusel, kuni või sulab ja segu keeb.
c) Eemaldage tulelt, lisage jahu ja segage intensiivselt, kuni segu moodustab palli.
d) Lase tainal mõni minut jahtuda, seejärel lisa ükshaaval munad, iga lisamise järel korralikult kloppides.
e) Tõsta tainas torukotti ja piibu ekleerid ettevalmistatud küpsetusplaadile.
f) Küpseta umbes 30 minutit või kuni kuldpruunini. Lase jahtuda.

TÄITMINE:
g) Vahusta koor, kuni moodustuvad tugevad tipud.
h) Murra ettevaatlikult sisse kuubikuteks lõigatud maasikad.
i) Kui ekleerid on jahtunud, täida need maasikakreemi seguga.

GLASE:
j) Kuumakindlas kausis sulata valge šokolaad ja või kahekordse katla kohal.
k) Tõsta tulelt, lisa tuhksuhkur ja sega järk-järgult kuumas vees ühtlaseks massiks.
l) Kastke iga ékleeri ülaosa valge šokolaadi glasuuri sisse, laske liigsel maha tilkuda.
m) Serveeri jahutatult ja naudi värskendavat Strawberry Cream Éclairs'i!

41. Mango Passionfruit Éclairs

KOOSTISOSAD:
CHOUX SAIA JAOKS:
- 1 tass vett
- 1/2 tassi soolamata võid
- 1 tass universaalset jahu
- 4 suurt muna

TÄIDISEKS:
- 2 tassi mango-passionfruit vahtu

GLASUURI KOHTA:
- 1/2 tassi valget šokolaadi, tükeldatud
- 1/4 tassi soolamata võid
- 1 tass tuhksuhkrut
- 1/4 tassi kuuma vett

JUHISED:
CHOUX KÜPSETIS:
a) Kuumuta ahi temperatuurini 375 °F (190 °C) ja vooderda küpsetusplaat küpsetuspaberiga.
b) Sega kastrulis vesi ja või. Kuumuta keskmisel kuumusel, kuni või sulab ja segu keeb.
c) Eemaldage tulelt, lisage jahu ja segage intensiivselt, kuni segu moodustab palli.
d) Lase tainal mõni minut jahtuda, seejärel lisa ükshaaval munad, iga lisamise järel korralikult kloppides.
e) Tõsta tainas torukotti ja piibu ekleerid ettevalmistatud küpsetusplaadile.
f) Küpseta umbes 30 minutit või kuni kuldpruunini. Lase jahtuda.

TÄITMINE:
g) Valmistage mango-passioniviljavaht, segades küpsed mangod, passionivilja viljaliha ja vahukoor ühtlaseks massiks.
h) Kui choux küpsetis on jahtunud, täitke ekleerid, süstides või määrides keskele mango-passioniviljamahu.

GLASE:
i) Kuumakindlas kausis sulata valge šokolaad ja või kahekordse katla kohal.
j) Tõsta tulelt, lisa tuhksuhkur ja sega järk-järgult kuumas vees ühtlaseks massiks.
k) Kastke iga ékleeri ülaosa valge šokolaadi glasuuri sisse, laske liigsel maha tilkuda.
l) Serveeri jahutatult ja naudi Mango Passionfruit Éclairs'i troopilisi maitseid!

42. Lemon Blueberry Éclairs

KOOSTISOSAD:
CHOUX SAIA JAOKS:
- 1 tass vett
- 1/2 tassi soolamata võid
- 1 tass universaalset jahu
- 4 suurt muna

TÄIDISEKS:
- 2 tassi sidrunimaitselist saiakreemi
- 1 tass värskeid mustikaid

GLASUURI KOHTA:
- 1/2 tassi valget šokolaadi, tükeldatud
- 1/4 tassi soolamata võid
- 1 tass tuhksuhkrut
- 1/4 tassi kuuma vett

JUHISED:
CHOUX KÜPSETIS:
a) Kuumuta ahi temperatuurini 375 °F (190 °C) ja vooderda küpsetusplaat küpsetuspaberiga.
b) Sega kastrulis vesi ja või. Kuumuta keskmisel kuumusel, kuni või sulab ja segu keeb.
c) Eemaldage tulelt, lisage jahu ja segage intensiivselt, kuni segu moodustab palli.
d) Lase tainal mõni minut jahtuda, seejärel lisa ükshaaval munad, iga lisamise järel korralikult kloppides.
e) Tõsta tainas torukotti ja piibu ekleerid ettevalmistatud küpsetusplaadile.
f) Küpseta umbes 30 minutit või kuni kuldpruunini. Lase jahtuda.
TÄITMINE:
g) Täida ekleerid sidrunimaitselise kondiitrikreemiga.
h) Puista värsked mustikad kreemi peale.
GLASE:
i) Kuumakindlas kausis sulata valge šokolaad ja või kahekordse katla kohal.
j) Tõsta tulelt, lisa tuhksuhkur ja sega järk-järgult kuumas vees ühtlaseks massiks.
k) Kastke iga ékleeri ülaosa valge šokolaadi glasuuri sisse, laske liigsel maha tilkuda.
l) Serveeri jahtunult ning naudi Lemon Blueberry Éclairs'i magusat ja puuviljast headust!

43. Vaarika mandli Éclairs

KOOSTISOSAD:
CHOUX SAIA JAOKS:
- 1 tass vett
- 1/2 tassi soolamata võid
- 1 tass universaalset jahu
- 4 suurt muna

TÄIDISEKS:
- 2 tassi mandlimaitselist saiakreemi
- 1 tass värskeid vaarikaid

GLASUURI KOHTA:
- 1/2 tassi valget šokolaadi, tükeldatud
- 1/4 tassi soolamata võid
- 1 tass tuhksuhkrut
- 1/4 tassi kuuma vett

JUHISED:
CHOUX KÜPSETIS:
a) Kuumuta ahi temperatuurini 375 °F (190 °C) ja vooderda küpsetusplaat küpsetuspaberiga.
b) Sega kastrulis vesi ja või. Kuumuta keskmisel kuumusel, kuni või sulab ja segu keeb.
c) Eemaldage tulelt, lisage jahu ja segage intensiivselt, kuni segu moodustab palli.
d) Lase tainal mõni minut jahtuda, seejärel lisa ükshaaval munad, iga lisamise järel korralikult kloppides.
e) Tõsta tainas torukotti ja piibu ekleerid ettevalmistatud küpsetusplaadile.
f) Küpseta umbes 30 minutit või kuni kuldpruunini. Lase jahtuda.

TÄITMINE:
g) Täida ekleerid mandlimaitselise kondiitrikreemiga.
h) Aseta kreemi peale värsked vaarikad.

GLASE:
i) Kuumakindlas kausis sulata valge šokolaad ja või kahekordse katla kohal.
j) Tõsta tulelt, lisa tuhksuhkur ja sega järk-järgult kuumas vees ühtlaseks massiks.
k) Kastke iga ékleeri ülaosa valge šokolaadi glasuuri sisse, laske liigsel maha tilkuda.
l) Serveeri jahutatult ja naudi nendes Éclairs'ides mandli ja vaarika mõnusat kombinatsiooni!

44.Ananassi kookospähkli Éclairs

KOOSTISOSAD:
CHOUX SAIA JAOKS:
- 1 tass vett
- 1/2 tassi soolamata võid
- 1 tass universaalset jahu
- 4 suurt muna

TÄIDISEKS:
- 2 tassi kookoskoort
- 1 tass värsket ananassi, tükeldatud

GLASUURI KOHTA:
- 1/2 tassi valget šokolaadi, tükeldatud
- 1/4 tassi soolamata võid
- 1 tass tuhksuhkrut
- 1/4 tassi kuuma vett

JUHISED:
CHOUX KÜPSETIS:
a) Kuumuta ahi temperatuurini 375 °F (190 °C) ja vooderda küpsetusplaat küpsetuspaberiga.
b) Sega kastrulis vesi ja või. Kuumuta keskmisel kuumusel, kuni või sulab ja segu keeb.
c) Eemaldage tulelt, lisage jahu ja segage intensiivselt, kuni segu moodustab palli.
d) Lase tainal mõni minut jahtuda, seejärel lisa ükshaaval munad, iga lisamise järel korralikult kloppides.
e) Tõsta tainas torukotti ja piibu ekleerid ettevalmistatud küpsetusplaadile.
f) Küpseta umbes 30 minutit või kuni kuldpruunini. Lase jahtuda.

TÄITMINE:
g) Täida ekleerid kookoskreemiga.
h) Katke kreem kuubikuteks lõigatud värske ananassiga.

GLASE:
i) Kuumakindlas kausis sulata valge šokolaad ja või kahekordse katla kohal.
j) Tõsta tulelt, lisa tuhksuhkur ja sega järk-järgult kuumas vees ühtlaseks massiks.
k) Kastke iga ékleeri ülaosa valge šokolaadi glasuuri sisse, laske liigsel maha tilkuda.
l) Serveeri jahutatult ja naudi Ananassi kookospähkli Éclairs'i troopilist headust!

45. Marja- ja sidrunikoore segatud Éclairs

KOOSTISOSAD:
CHOUX SAIA JAOKS:
- 1 tass vett
- 1/2 tassi soolamata võid
- 1 tass universaalset jahu
- 4 suurt muna

TÄIDISEKS:
- 2 tassi segatud marjakompotti (maasikad, mustikad, vaarikad)
- Kaunistuseks sidrunikoor

GLASUURI KOHTA:
- 1/2 tassi valget šokolaadi, tükeldatud
- 1/4 tassi soolamata võid
- 1 tass tuhksuhkrut
- 1/4 tassi kuuma vett

JUHISED:
CHOUX KÜPSETIS:
a) Kuumuta ahi temperatuurini 375 °F (190 °C) ja vooderda küpsetusplaat küpsetuspaberiga.
b) Sega kastrulis vesi ja või. Kuumuta keskmisel kuumusel, kuni või sulab ja segu keeb.
c) Eemaldage tulelt, lisage jahu ja segage intensiivselt, kuni segu moodustab palli.
d) Lase tainal mõni minut jahtuda, seejärel lisa ükshaaval munad, iga lisamise järel korralikult kloppides.
e) Tõsta tainas torukotti ja piibu ekleerid ettevalmistatud küpsetusplaadile.
f) Küpseta umbes 30 minutit või kuni kuldpruunini. Lase jahtuda.

TÄITMINE:
g) Täida ekleerid segatud marjakompotiga, kombineerides maasikaid, mustikaid ja vaarikaid.
h) Kaunistamiseks sidrunikoorega.

GLASE:
i) Kuumakindlas kausis sulata valge šokolaad ja või kahekordse katla kohal.
j) Tõsta tulelt, lisa tuhksuhkur ja sega järk-järgult kuumas vees ühtlaseks massiks.
k) Kastke iga ékleeri ülaosa valge šokolaadi glasuuri sisse, laske liigsel maha tilkuda.
l) Serveerige jahutatult ja nautige marjade maitseid nendes marja- ja sidrunikoore segudes!

46. Peach Ginger Éclairs

KOOSTISOSAD:
CHOUX SAIA JAOKS:
- 1 tass vett
- 1/2 tassi soolamata võid
- 1 tass universaalset jahu
- 4 suurt muna

TÄIDISEKS:
- 2 tassi virsikumaitselist saiakreemi
- 1 tass värskeid virsikuid, tükeldatud
- 1 tl värsket ingverit, riivitud

GLASUURI KOHTA:
- 1/2 tassi valget šokolaadi, tükeldatud
- 1/4 tassi soolamata võid
- 1 tass tuhksuhkrut
- 1/4 tassi kuuma vett

JUHISED:
CHOUX KÜPSETIS:
a) Kuumuta ahi temperatuurini 375 °F (190 °C) ja vooderda küpsetusplaat küpsetuspaberiga.
b) Sega kastrulis vesi ja või. Kuumuta keskmisel kuumusel, kuni või sulab ja segu keeb.
c) Eemaldage tulelt, lisage jahu ja segage intensiivselt, kuni segu moodustab palli.
d) Lase tainal mõni minut jahtuda, seejärel lisa ükshaaval munad, iga lisamise järel korralikult kloppides.
e) Tõsta tainas torukotti ja piibu ekleerid ettevalmistatud küpsetusplaadile.
f) Küpseta umbes 30 minutit või kuni kuldpruunini. Lase jahtuda.

TÄITMINE:
g) Täida ekleerid virsikumaitselise kondiitrikreemiga.
h) Sega kuubikuteks lõigatud värsked virsikud ja riivitud ingver ning aseta need kreemi peale.

GLASE:
i) Kuumakindlas kausis sulata valge šokolaad ja või kahekordse katla kohal.

j) Tõsta tulelt, lisa tuhksuhkur ja sega järk-järgult kuumas vees ühtlaseks massiks.
k) Kastke iga ékleeri ülaosa valge šokolaadi glasuuri sisse, laske liigsel maha tilkuda.
l) Serveeri jahutatult ning naudi virsiku ja ingveri ainulaadset kombinatsiooni nendes Éclairs'ides!

47. Blackberry Lemon Éclairs

KOOSTISOSAD:
CHOUX SAIA JAOKS:
- 1 tass vett
- 1/2 tassi soolamata võid
- 1 tass universaalset jahu
- 4 suurt muna

TÄIDISEKS:
- 2 tassi sidrunimaitselist saiakreemi
- 1 tass värskeid murakaid

GLASUURI KOHTA:
- 1/2 tassi valget šokolaadi, tükeldatud
- 1/4 tassi soolamata võid
- 1 tass tuhksuhkrut
- 1/4 tassi kuuma vett

JUHISED:
CHOUX KÜPSETIS:
a) Kuumuta ahi temperatuurini 375 °F (190 °C) ja vooderda küpsetusplaat küpsetuspaberiga.
b) Sega kastrulis vesi ja või. Kuumuta keskmisel kuumusel, kuni või sulab ja segu keeb.
c) Eemaldage tulelt, lisage jahu ja segage intensiivselt, kuni segu moodustab palli.
d) Lase tainal mõni minut jahtuda, seejärel lisa ükshaaval munad, iga lisamise järel korralikult kloppides.
e) Tõsta tainas torukotti ja piibu ekleerid ettevalmistatud küpsetusplaadile.
f) Küpseta umbes 30 minutit või kuni kuldpruunini. Lase jahtuda.
TÄITMINE:
g) Täida ekleerid sidrunimaitselise kondiitrikreemiga.
h) Kõige peale tõsta koor värskete murakatega.
GLASE:
i) Kuumakindlas kausis sulata valge šokolaad ja või kahekordse katla kohal.
j) Tõsta tulelt, lisa tuhksuhkur ja sega järk-järgult kuumas vees ühtlaseks massiks.
k) Kastke iga ékleeri ülaosa valge šokolaadi glasuuri sisse, laske liigsel maha tilkuda.
l) Serveeri jahutatult ja naudi Blackberry Lemon Éclairs'i värskendavat maitset!

48. Kiwi Coconut Éclairs

KOOSTISOSAD:
CHOUX SAIA JAOKS:
- 1 tass vett
- 1/2 tassi soolamata võid
- 1 tass universaalset jahu
- 4 suurt muna

TÄIDISEKS:
- 2 tassi kookoskoort
- 1 tass värsket kiivi, viilutatud

GLASUURI KOHTA:
- 1/2 tassi valget šokolaadi, tükeldatud
- 1/4 tassi soolamata võid
- 1 tass tuhksuhkrut
- 1/4 tassi kuuma vett

JUHISED:
CHOUX KÜPSETIS:
a) Kuumuta ahi temperatuurini 375 °F (190 °C) ja vooderda küpsetusplaat küpsetuspaberiga.
b) Sega kastrulis vesi ja või. Kuumuta keskmisel kuumusel, kuni või sulab ja segu keeb.
c) Eemaldage tulelt, lisage jahu ja segage intensiivselt, kuni segu moodustab palli.
d) Lase tainal mõni minut jahtuda, seejärel lisa ükshaaval munad, iga lisamise järel korralikult kloppides.
e) Tõsta tainas torukotti ja piibu ekleerid ettevalmistatud küpsetusplaadile.
f) Küpseta umbes 30 minutit või kuni kuldpruunini. Lase jahtuda.

TÄITMINE:
g) Täida ekleerid kookoskreemiga.
h) Laota kreemi peale värske kiivi viilud.

GLASE:
i) Kuumakindlas kausis sulata valge šokolaad ja või kahekordse katla kohal.
j) Tõsta tulelt, lisa tuhksuhkur ja sega järk-järgult kuumas vees ühtlaseks massiks.
k) Kastke iga ékleeri ülaosa valge šokolaadi glasuuri sisse, laske liigsel maha tilkuda.
l) Serveeri jahutatult ja naudi Kiwi Coconut Éclairs'i troopilisi maitseid!

PÄHKLID KLAIRID

49.Šokolaadi-mandli-makarooni ekleerid

KOOSTISOSAD:
ECLAIR DOUGH:
- 3 suurt muna, toatemperatuuril
- 1/2 tassi vett
- 4 1/2 supilusikatäit soolamata võid, lõigatud 1/2-tollisteks kuubikuteks
- 1 1/2 supilusikatäit granuleeritud suhkrut
- 3/4 tassi sõelutud universaalset jahu
- 3 supilusikatäit sõelutud magustamata leelistatud kakaopulbrit

MANDLI-MAKARONI TÄIDIS:
- 2 tassi kookoshelbeid
- 1/2 tassi magustatud kondenspiima
- 1/2 tassi röstitud hakitud mandleid

ŠOKOLAADI GLASE:
- 10 untsi poolmagusat šokolaadi, peeneks hakitud
- 8 untsi rasket koort
- 1 spl heledat maisisiirupit

JUHISED:
TEE KLAIRID:
a) Kuumuta ahi 425 kraadini F. Vooderda kaks küpsetusplaati küpsetuspaberiga.
b) Segage mune klaasist mõõtetopsis, kuni need on segunenud. Jäta 2 supilusikatäit lahtiklopitud mune väikesesse tassi.
c) Sega kastrulis vesi, või ja suhkur. Kuumuta kuni või sulab. Kuumuta keemiseni, seejärel eemalda tulelt.
d) Vahusta jahu ja kakao ühtlaseks massiks. Aja pidevalt segades tagasi tulele, kuni moodustub ühtlane pall.
e) Tõsta pasta kaussi. Valage reserveeritud 1/2 tassi lahtiklopitud munad pastale ja klopige, kuni moodustub ühtlane pehme tainas.
f) Täitke 5/16-tollise tavalise otsaga kondiitritoodete kott ekleeritainaga. Toru ribad ettevalmistatud küpsetuspaberitele.
g) Pintselda ekleeride pealsed ülejäänud lahtiklopitud munaga.
h) Küpsetage 10 minutit, seejärel vähendage temperatuuri 375 kraadini F ja jätkake küpsetamist 20 kuni 25 minutit, kuni see on krõbe ja läikiv. Jahuta täielikult.

TEE MANDLI-MAKARONI TÄIDIST:
i) Sega kausis kookospähkel, magustatud kondenspiim ja mandlid.
j) Segage, kuni see on hästi segunenud.

TEE ŠOKOLAADIGLAASI:
k) Asetage šokolaad keskmisesse kaussi.
l) Kuumuta potis koort ja maisisiirupit õrnalt keemiseni. Vala peale šokolaad ja lase 30 sekundit seista.
m) Vahusta ühtlaseks.

KOKKU KOKKUVÕTKE JA GLASUURIGE:
n) Lõika ekleerid pooleks ja eemalda niiske tainas.
o) Täida iga ekleer umbes 3 supilusikatäie mandli-makarooni täidisega.
p) Asendage iga ekleeri ülaosa.
q) Kastke kolm tervet mandlit šokolaadiglasuuri sisse ja asetage need piki iga ekleeri ülaosa.
r) Laske 2 minutit seista, seejärel valage glasuur õrnalt ekleeridele, kattes pealt ja külgedelt.
s) Jahuta kuni serveerimiseks valmis.
t) Nautige neid veetlevaid šokolaadimandli-makarooniekleere!

50.Pistaatsia sidruni Éclairs

KOOSTISOSAD:

Suhkrustatud sidrunite jaoks (valikuline):
- 10 sunquats (mini sidrunid)
- 2 tassi vett
- 2 tassi suhkrut

PISTAATSIAPASTA KOHTA:
- 60 g koorimata pistaatsiapähkleid (röstimata)
- 10 g viinamarjaseemneõli

PISTAATSIA-SIDRUNI VAHUKREEMI KOHTA:
- 500 g piima
- 2 sidruni koor
- 120 g munakollast
- 120 g suhkrut
- 40 g maisitärklist
- 30 g pistaatsiapastat (või 45 g poest ostetud)
- 120 g pehmet võid (kuubikuteks lõigatud)

PISTAATSIAPARTSIPANI JAOKS:
- 200 g martsipani
- 15 g pistaatsiapastat
- Roheline toiduvärv (geel)
- Natuke tuhksuhkrut

CHOUX SAIA jaoks :
- 125 g võid
- 125 g piima
- 125 g vett
- 5 g suhkrut
- 5 g soola
- 140 g jahu
- 220 g muna

GLAASI KOHTA:
- 200 g nappage neutri (neutraalne tarretisglasuur)
- 100 g vett
- Roheline toiduvärv (geel)

KAUNISTUSEKS:
- Jahvatatud pistaatsiapähklid

JUHISED:

Suhkrustatud sidrunid (valikuline):
a) Valmistage jäävann (kastrul vee ja jääga) ja asetage see kõrvale.
b) Lõika sidrunist õhukesed viilud terava noaga. Visake seemned ära.
c) Teises kastrulis lase vesi keema. Tõsta tulelt ja lisa sidruniviilud kohe kuuma vette. Sega, kuni viilud pehmenevad (umbes minut).
d) Kalla kuum vesi läbi sõela välja, seejärel pane sidruniviilud sekundiks jäävanni. Valage sõela abil välja jäine vesi.
e) Sega suures potis kõrgel kuumusel vesi ja suhkur. Sega, kuni suhkur sulab, seejärel kuumuta keemiseni.
f) Alandage kuumust keskmisele tasemele ja asetage sidruniviilud vette tangide abil, et need hõljuks. Küpseta madalal kuumusel, kuni koor muutub läbipaistvaks, umbes 1½ tundi.
g) Eemaldage sidrunid tangide abil ja asetage need jahutusrestile. Pane jahutusresti alla tükk küpsetuspaberit, et sidruniviiludelt maha tilkuv siirup kinni püüda.

PISTAATSIAPAST:
h) Kuumuta ahi 160°C-ni (320°F).
i) Rösti pistaatsiapähkleid küpsetusplaadil umbes 7 minutit, kuni need kergelt pruunistuvad. Laske neil jahtuda.
j) Jahuta jahtunud pistaatsiapähklid väikeses köögikombainis pulbriks. Lisage õli ja jahvatage uuesti, kuni see muutub pastaks. Hoidke seda kuni kasutamiseni külmkapis.
k) Pistaatsia-sidruni vahukreem:
l) Aja piim keema. Lülitage kuumus välja, lisage sidrunikoor, katke kaanega ja laske 10 minutit seista.
m) Sega kausis munakollased ja suhkur. Vahusta kohe, seejärel lisa maisitärklis ja vahusta uuesti.
n) Lisa vahustades soe piim. Vala segu läbi sõela puhtasse kastrulisse, visates ära sõela jäänud sidrunikoor.
o) Kuumuta keskmisel kuumusel ja vahusta, kuni segu pakseneb ja muutub kreemjaks. Eemaldage kuumusest.
p) Tõsta koor pistaatsiapastat sisaldavasse kaussi. Vahusta ühtlaseks vahuks. Katke kilega, et vältida kooriku moodustumist ja jahutage.

q) Kui koor saavutab 40 °C (104 °F), lisage järk-järgult pehme või ja segage hästi. Katke kilega ja jahutage.

CHOUX KÜPSETIS:
r) Sõeluge jahu ja asetage see kõrvale.
s) Lisa kastrulisse või, piim, vesi, suhkur ja sool. Kuumuta keskmisel kuumusel, kuni või sulab ja segu keeb.
t) Tõsta tulelt, lisa kohe korraga jahu ja sega korralikult, kuni moodustub ühtlane, kartulipudru meenutav segu. See on panade segu.
u) Kuivatage panaad madalal kuumusel spaatliga segades umbes minut, kuni see hakkab kastruli külgedelt tagasi tõmbuma ja taheneb.
v) Tõsta panaad segamisnõusse ja jahuta veidi. Kloppige eraldi kausis lahti munad ja lisage need järk-järgult mikserisse, oodake, kuni iga lisand seguneb, enne kui lisate.
w) Segage madalal ja keskmisel kiirusel, kuni tainas on ühtlane, läikiv ja stabiilne.
x) Kuumuta ahi 250°C-ni (480°F). Kata ahjuplaat küpsetuspaberi või õhukese võikihiga.
y) Tõsta alusele 12 cm pikkused taignaribad. Ärge avage küpsetamise ajal ahju ust.
z) 15 minuti pärast avage ahjuuks veidi (umbes 1 cm), et aur väljuks. Sulgege see ja seadke temperatuur 170 °C (340 °F). Küpseta 20-25 minutit, kuni ekleerid on pruunid.
aa) Korrake ülejäänud taignaga.

PISTAATSIA MARTSIPAN:
bb) Lõika martsipan kuubikuteks ja sega lameda vispliga pehmeks ja ühtlaseks. Lisa pistaatsiapasta ja roheline toiduvärv (soovi korral) ning sega ühtlaseks.
cc) Rulli martsipan 2 mm paksuseks lahti ja lõika ekleeridele sobivateks ribadeks.

KOOSTAMINE:
dd) Lõika iga ékleeri põhja kaks väikest auku.
ee) Täida iga eclair läbi aukude pistaatsia-sidrunikreemiga.
ff) Pintselda iga martsipaniriba ühele küljele veidi glasuuri ja kinnita see ekleeride külge.

gg) Kasta iga ekleer glasuuri sisse, lastes üleliigsel glasuuril maha tilkuda.
hh) Kaunista suhkrustatud sidruniviilude või hakitud pistaatsiapähklitega.
ii) Tõsta serveerimiseks külmkappi.

51.Vahtraga klaasitud ekleerid, mis on kaetud pähklitega

KOOSTISOSAD:
ECLAIR SHELLS:
- 1/2 tassi piima
- 1/2 tassi vett
- 2 supilusikatäit valget granuleeritud suhkrut
- 1/4 tl soola (kui kasutate soolavõid, vähendage näputäis)
- 1/2 tassi soolamata võid
- 1/2 tl vaniljeekstrakti
- 1 1/4 tassi universaalset jahu, lusikaga kaetud ja tasandatud
- 4 suurt muna

GLASE:
- 2/3 tassi tuhksuhkrut/kondiitri suhkrut
- 3 supilusikatäit vahtrasiirupit

TOPPING:
- 1/2 tassi hakitud kreeka pähkleid või pekanipähklit
- Fleur de sel soola puistamine

MASCARPONE VAHUKOOR:
- 1 tass mascarponet
- 2/3 tassi rasket vahukoort
- 1/4 tassi valget suhkrut
- 2 spl vahtrasiirupit

JUHISED:
ECLAIR SHELLIDE KOHTA:
a) Kuumuta ahi temperatuurini 450 °F, ülemises ja alumises kolmandikus olevad restid. Vooderda kaks ahjuplaati küpsetuspaberiga.
b) Sega keskmisel kuumusel keskmises kastrulis piim, vesi, suhkur, sool ja või. Kuumuta segu keemiseni, vispelda hulka vanill ja lisa korraga jahu. Sega, kuni segu poti servast eemaldub.
c) Vähendage kuumust ja jätkake pidevalt segades küpsetamist umbes 3 minutit, et niiskust eemaldada. Tõsta tulelt ja tõsta segamisnõusse või statiivimikseri kaussi.
d) Segage 2-3 minutit, et segu jahtuda. Lisa ükshaaval munad, pärast iga lisamist korralikult vahustades. Tõsta segu torukotti ja lase 20 minutit seista.

e) Torutage tainas umbes 5–6 tolli pikkusteks ja 1 tolli laiusteks palgideks, jättes nende vahele võrdse ruumi. Veenduge, et need ei oleks liiga õhukesed, kuna need vajavad hilisemaks viilutamiseks paksust.
f) Asetage eelsoojendatud ahju ja VÄHENDAGE KUUMUST KOHE 350 °F-ni. Küpseta 35–40 minutit, kuni see on kuldne, paisunud ja krõbe. Jahuta restil.

GLASUURI KOHTA:
g) Enne glasuurimist lõika ekleerid peaaegu läbi, jättes ühele küljele "hinge". Sega väikeses kausis tuhksuhkur vahtrasiirupiga, kuni moodustub õhuke glasuur.
h) Pintselda glasuur ekleeri peale ja puista kohe peale hakitud kreeka pähkleid ja soovi korral näpuotsaga soola. Lase toatemperatuuril seista, kuni glasuur hangub.

TÄIDISEKS:
i) Sega suures kausis või vispliga varustatud mikseri kausis mascarpone, vahukoor, suhkur ja vahtrasiirup.
j) Vahusta, kuni segu pakseneb kuni konsistentsini. Asetage torukotti ja täitke iga ekleer. (Täidise saab valmistada ette, katta, jahutada ja serveerimisele lähemale torusse panna.)
k) Täidetud ekleerid säilivad külmkapis katmata hästi suurema osa päevast.

52.Vaarikapistaatsia ekleer

KOOSTISOSAD:
PATE-A-CHOUX TAIGNA JAOKS:
- 1 tass vett
- 1/2 tassi soolamata võid
- 1/4 tl soola
- 1 tass universaalset jahu
- 4 suurt muna

TÄIDISEKS:
- 1 tass kooritud pistaatsiapähklid
- 1/2 tassi Iiri koort (Bailey's)
- Roheline toiduvärv
- 8 untsi toorjuustu, pehmendatud
- 1/2 tassi valge šokolaadi laastud, sulatatud
- 1 tass koort, jahutatud

GLASUURI KOHTA:
- 1/2 tassi külmkuivatatud vaarikaid
- 1 tass valge šokolaadi laastud
- 1/2 tassi rasket koort
- 2 tassi värskeid vaarikaid

JUHISED:
a) Kuumuta ahi 425 F-ni ja vooderda küpsetusplaat küpsetuspaberiga.
b) Valmista ette tähtotsaga kondiitritoode.

TEE PATE-A-CHOUX TAIGAS:
c) Hauta kastrulis vett, võid ja soola.
d) Lisa jahu, sega, kuni moodustub pehme tainas. Jahuta, seejärel lisa ükshaaval munad.
e) Tõsta palgid ahjuplaadile ja küpseta kuldseks.

VALMISTA VAARIKAGLAASI :
f) Purusta külmkuivatatud vaarikad ja sõelu pulber.
g) Sega valge šokolaad ja koor, kuumuta ühtlaseks massiks.
h) Lisa vaarikapulber, sega ja lase glasuuril jahtuda.

VALMISTA PISTAATSIAKREEMI TÄIDIS :
i) Sega pistaatsiapähklid, Iiri koor ja roheline toiduvärv püreestamiseks.

j) Vahusta toorjuust kausis kohevaks, seejärel lisa sulatatud valge šokolaad ja pistaatsiapüree.
k) Lisa jahutatud koor ja klopi tugevaks vahuks.

KOKKUVÕTE ECLAIRS:

l) Poolita jahtunud ekleerid. Tõsta alumisele poolele pistaatsiakreem, lisa vaarikad ja kata ülemise poolega.
m) Kasta iga ekleeri ülemine pool vaarikaglasuuri sisse.
n) Kaunista külmkuivatatud vaarikatükkide, valge šokolaadi tilguti, kreemijäägi, värskete vaarikate või pistaatsiatükkidega.
o) Hoidke ekleere külmkapis ja eemaldage 20 minutit enne serveerimist.
p) Nautige vaarikate ja pistaatsiapähklite veetlevat kombinatsiooni nendes elegantsetes ekleerides, mis sobivad ideaalselt igaks sündmuseks!

53.Šokolaadi ja sarapuupähkli ekleerid

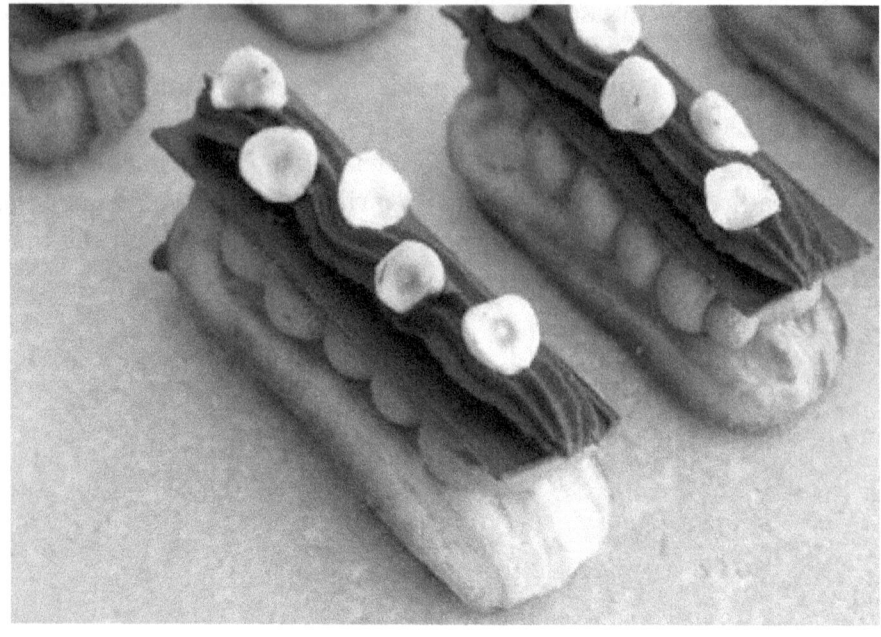

KOOSTISOSAD:
CHOUX SAIA JAOKS:
- 1 tass vett
- 1/2 tassi soolamata võid
- 1 tass universaalset jahu
- 1/2 teelusikatäit soola
- 1 spl suhkrut
- 4 suurt muna

SARAPUUPÄHKLIKREEMI TÄIDISEKS :
- 1 tass rasket koort
- 1/4 tassi tuhksuhkrut
- 1 tl vaniljeekstrakti
- 1/2 tassi sarapuupähklimääret (nt Nutella)

ŠOKOLAADIGANAŠE JUURDE:
- 1 tass poolmagusaid šokolaaditükke
- 1/2 tassi rasket koort
- 2 spl soolata võid

JUHISED:
CHOUX KÜPSETIS:
a) Kuumuta ahi temperatuurini 425 °F (220 °C). Vooderda ahjuplaat küpsetuspaberiga.
b) Sega kastrulis keskmisel kuumusel vesi, või, sool ja suhkur. Kuumuta keemiseni.
c) Eemaldage tulelt ja segage kiiresti jahu, kuni moodustub tainas.
d) Pane pann madalale tulele ja küpseta tainast pidevalt segades 1-2 minutit, et see kuivaks.
e) Tõsta tainas suurde segamisnõusse. Lase paar minutit jahtuda.
f) Lisa ükshaaval munad, pärast iga lisamist korralikult kloppides, kuni tainas on ühtlane ja läikiv.
g) Tõsta tainas suure ümara otsaga torukotti. Toruge ettevalmistatud küpsetusplaadile 4-tollised pikad ribad.
h) Küpsetage 15 minutit temperatuuril 425 °F, seejärel vähendage temperatuuri 190 °C-ni (375 °F) ja küpsetage veel 20 minutit või kuni see on kuldpruun. Lase täielikult jahtuda.

SARAPUUPÄHKLIKREEMI TÄIDIS:
i) Vahusta vahukoor segamisnõus, kuni moodustuvad pehmed tipud.
j) Lisa tuhksuhkur ja vaniljeekstrakt. Jätka vahustamist, kuni moodustuvad jäigad tipud.
k) Voldi sarapuupähklimääre ettevaatlikult sisse, kuni see on hästi segunenud.

ŠOKOLAADIGANAŠE:
l) Aseta šokolaaditükid kuumakindlasse kaussi.
m) Kuumuta potis koort, kuni see hakkab lihtsalt podisema.
n) Vala kuum koor šokolaadile ja lase seista minut aega.
o) Sega ühtlaseks, seejärel lisa või ja sega kuni sulamiseni.

KOOSTAMINE:
p) Lõika iga jahtunud ekleer horisontaalselt pooleks.
q) Tõsta lusikaga või toruga sarapuupähklikreemitäidis iga ekleeri alumisele poolele.
r) Aseta ekleeri ülemine pool täidisele.
s) Kasta iga ekleeri ülaosa šokolaadi ganache sisse või tõsta ganache lusikaga peale.
t) Lase ganache'il paar minutit taheneda.
u) Soovi korral puista peale kaunistamiseks hakitud sarapuupähkleid.
v) Serveeri ja naudi šokolaadi ja sarapuupähkli oivalist kooslust nende šokolaadi- ja sarapuupähklite igas maitsvas suutäies!

54.Maapähklivõi šokolaadi ekleerid

KOOSTISOSAD:
ECLAIRS:
- 160 ml. vesi
- 5 grammi suhkrut
- 70 grammi võid
- 3 grammi peent soola
- 15 grammi maisitärklist
- 90 grammi universaalset jahu
- 2-3 lahtiklopitud muna

MAAPÄHKLIVÕIKREEMI KOHTA:
- 250 ml. vahukoor
- 100 grammi pehmet maapähklivõid
- 50 grammi suhkrupulbrit

ŠOKOLAADIGANAŠE VALMISTAMISEKS (NII KASTE KUI KA KATTISEKS):
- 250 grammi tumedat šokolaadi
- 250 ml. vahukoor
- Näputäis soola

DEKORATSIOON:
- 50-60 grammi soolatud poolitatud maapähkleid röstitult

JUHISED:
TEE KLAIRID:
a) Kuumuta ahi 180c kraadini.
b) Valage keskmisesse kastrulisse vesi, sool, suhkur ja või ning kuumutage tugevalt keemiseni.
c) Lisa maisitärklis ja jahu ning sega keetmise ajal, kuni see muutub taignaks.
d) Tõsta tainas labakinnitusega elektrimikseri kaussi ja sega keskmisel kiirusel 2-3 minutit, kuni see veidi jahtub.
e) Lisa järk-järgult vahustades munad, kuni tainas on elastne ja ühtlane.
f) Kontrolli taigna valmidust, luues puulusikaga taigna keskele "jälje" - kui rada jääb stabiilseks, lisa munad ja kui see veidi sulgub - tainas on valmis. Oluline on mitte lisada tainale liiga palju mune, vastasel juhul võib see muutuda liiga pehmeks ja laguneda.

g) Tõsta tainas kondiitrikotti, millel on sakiline 2 cm toruots. Küpsetuspaberiga vooderdatud ahjuplaadile 8-10 cm pikkused ekleerid. Oluline on jätta ekleeride vahele ruumi.
h) Küpseta ekleere 20-25 minutit, kuni need on kuldsed ja tardunud.
i) Jahuta täielikult toatemperatuuril.
j) Tehke iga ekleeri põhja 2 väikest auku.

MAAPÄHKLIVÕIKREEM:
k) Vahusta vahustamisotsaga mikseri kausis suurel kiirusel koor, maapähklivõi ja tuhksuhkur kreemjaks ja väga stabiilseks.
l) Täida ekleerid maapähklivõikreemiga ja hoia neid täidisena kuni katmiseni ja kaunistamiseni külmkapis.

ŠOKOLAADIGANAŠE:
m) Tükelda šokolaad ja pane kaussi.
n) Kuumuta väikeses potis koor ja sool hauduma.
o) Valage kuum koor tükeldatud šokolaadile, oodake minut ja vahustage korralikult, kuni moodustub ühtlane ja läikiv šokolaadiga ganache.
p) Kasta ekleeride ülaosa sooja ganache'i ja tõsta need külmkappi tahenema.
q) Tõsta järelejäänud ganache laia karpi ja pane 2-3 tunniks külmkappi, kuni see on täiesti külm.
r) Tõsta külm ganache vahustamisotsaga mikseri kaussi ja vahusta suurel kiirusel stabiilseks ja õhuliseks.
s) Tõsta kreem kondiitrikotti, mis on varustatud 2 cm sakilise toru otsaga ja nirista iga eclaari peale šokolaadikreemi.
t) Kaunista röstitud soolatud maapähklitega ja serveeri.

55. Mandli Praline Éclairs

KOOSTISOSAD:
CHOUX SAIA JAOKS:
- 1 tass vett
- 1/2 tassi soolamata võid
- 1 tass universaalset jahu
- 4 suurt muna

TÄIDISEKS:
- 2 tassi mandlimaitselist saiakreemi
- Mandlipralinee kaunistuseks (suhkrus karamelliseeritud hakitud mandlid)

GLASUURI KOHTA:
- 1/2 tassi tumedat šokolaadi, tükeldatud
- 1/4 tassi soolamata võid
- 1 tass tuhksuhkrut
- 1/4 tassi kuuma vett

JUHISED:
CHOUX KÜPSETIS:
a) Kuumuta ahi temperatuurini 375 °F (190 °C) ja vooderda küpsetusplaat küpsetuspaberiga.
b) Sega kastrulis vesi ja või. Kuumuta keskmisel kuumusel, kuni või sulab ja segu keeb.
c) Eemaldage tulelt, lisage jahu ja segage intensiivselt, kuni segu moodustab palli.
d) Lase tainal mõni minut jahtuda, seejärel lisa ükshaaval munad, iga lisamise järel korralikult kloppides.
e) Tõsta tainas torukotti ja piibu ekleerid ettevalmistatud küpsetusplaadile.
f) Küpseta umbes 30 minutit või kuni kuldpruunini. Lase jahtuda.

TÄITMINE:
g) Täida ekleerid mandlimaitselise kondiitrikreemiga. Iga ékleeri täitmiseks võite kasutada torukotti või väikest lusikat.
h) Kaunista täidetud ekleerid mandlipralineega. Pralinee valmistamiseks kuumuta pannil hakitud mandlid kergelt röstimiseni. Puista mandlitele suhkur ja jätka kuumutamist, kuni suhkur karamelliseerub. Laske sellel jahtuda ja tükeldage väikesteks tükkideks.

GLASE:
i) Sulata kuumakindlas kausis topeltkatla kohal tume šokolaad ja või.
j) Tõsta tulelt, lisa tuhksuhkur ja sega järk-järgult kuumas vees ühtlaseks massiks.
k) Kasta iga ekleeri ülaosa tumeda šokolaadi glasuuri sisse, tagades ühtlase katvuse. Laske üleliigsel maha tilkuda.
l) Aseta glasuuritud ekleerid alusele ja lase jahtuda, kuni šokolaad on tahenenud.
m) Serveeri jahutatult ja naudi Mandli Praline Éclairs'i pähklist magusust!

56. Walnut Maple Éclairs

KOOSTISOSAD:
CHOUX SAIA JAOKS:
- 1 tass vett
- 1/2 tassi soolamata võid
- 1 tass universaalset jahu
- 4 suurt muna

TÄIDISEKS:
- 2 tassi kreeka pähklimaitselist saiakreemi
- Tilgutamiseks vahtrasiirup

GLASUURI KOHTA:
- 1/2 tassi valget šokolaadi, tükeldatud
- 1/4 tassi soolamata võid
- 1 tass tuhksuhkrut
- 1/4 tassi kuuma vett

JUHISED:
CHOUX KÜPSETIS:
a) Kuumuta ahi temperatuurini 375 °F (190 °C) ja vooderda küpsetusplaat küpsetuspaberiga.
b) Sega kastrulis vesi ja või. Kuumuta keskmisel kuumusel, kuni või sulab ja segu keeb.
c) Eemaldage tulelt, lisage jahu ja segage intensiivselt, kuni segu moodustab palli.
d) Lase tainal mõni minut jahtuda, seejärel lisa ükshaaval munad, iga lisamise järel korralikult kloppides.
e) Tõsta tainas torukotti ja piibu ekleerid ettevalmistatud küpsetusplaadile.
f) Küpseta umbes 30 minutit või kuni kuldpruunini. Lase jahtuda.

TÄITMINE:
g) Täida ekleerid kreeka pähklimaitselise saiakreemiga. Kasutage iga ékleeri täitmiseks torukotti või väikest lusikat.
h) Nirista täidetud ekleeridele vahtrasiirupit. Vahtrasiirupi kogust saad reguleerida vastavalt oma maitsele.

GLASE:
i) Kuumakindlas kausis sulata valge šokolaad ja või kahekordse katla kohal.

j) Tõsta tulelt, lisa tuhksuhkur ja sega järk-järgult kuumas vees ühtlaseks massiks.
k) Kastke iga ékleeri ülaosa valge šokolaadi glasuuri sisse, tagades ühtlase katvuse. Laske üleliigsel maha tilkuda.
l) Aseta glasuuritud ekleerid alusele ja lase jahtuda, kuni šokolaad on tahenenud.
m) Serveeri jahutatult ning naudi kreeka pähklite ja vahtrate mõnusat kombinatsiooni Walnut Maple Éclairsis!

57.Pistaatsiaroos Éclairs

KOOSTISOSAD:
CHOUX SAIA JAOKS:
- 1 tass vett
- 1/2 tassi soolamata võid
- 1 tass universaalset jahu
- 4 suurt muna

TÄIDISEKS:
- 2 tassi pistaatsiamaitselist saiakreemi
- Kaunistuseks söödavad roosi kroonlehed

GLASUURI KOHTA:
- 1/2 tassi tumedat šokolaadi, tükeldatud
- 1/4 tassi soolamata võid
- 1 tass tuhksuhkrut
- 1/4 tassi kuuma vett

JUHISED:
CHOUX KÜPSETIS:
a) Kuumuta ahi temperatuurini 375 °F (190 °C) ja vooderda küpsetusplaat küpsetuspaberiga.
b) Sega kastrulis vesi ja või. Kuumuta keskmisel kuumusel, kuni või sulab ja segu keeb.
c) Eemaldage tulelt, lisage jahu ja segage intensiivselt, kuni segu moodustab palli.
d) Lase tainal mõni minut jahtuda, seejärel lisa ükshaaval munad, iga lisamise järel korralikult kloppides.
e) Tõsta tainas torukotti ja piibu ekleerid ettevalmistatud küpsetusplaadile.
f) Küpseta umbes 30 minutit või kuni kuldpruunini. Lase jahtuda.

TÄITMINE:
g) Täida ekleerid pistaatsiamaitselise kondiitrikreemiga. Iga ékleeri täitmiseks võite kasutada torukotti või väikest lusikat.
h) Kaunista täidetud ekleerid söödavate roosi kroonlehtedega.

GLASE:
i) Sulata kuumakindlas kausis topeltkatla kohal tume šokolaad ja või.
j) Tõsta tulelt, lisa tuhksuhkur ja sega järk-järgult kuumas vees ühtlaseks massiks.

k) Kasta iga ékleeri ülaosa tumeda šokolaadi glasuuri sisse, tagades ühtlase katvuse. Laske üleliigsel maha tilkuda.
l) Aseta glasuuritud ekleerid alusele ja lase jahtuda, kuni šokolaad on tahenenud.
m) Serveeri jahutatult ja naudi Pistachio Rose Éclairs'i eksootilisi maitseid!

58. Pekanipähkli karamelli Éclairs

KOOSTISOSAD:
CHOUX SAIA JAOKS:
- 1 tass vett
- 1/2 tassi soolamata võid
- 1 tass universaalset jahu
- 4 suurt muna

TÄIDISEKS:
- 2 tassi karamellimaitselist saiakreemi
- Kaunistuseks hakitud pekanipähklid

KARAMELLGLASUURI PUHUL:
- 1 tass granuleeritud suhkrut
- 1/4 tassi vett
- 1/2 tassi rasket koort
- 1/4 tassi soolamata võid

JUHISED:
CHOUX KÜPSETIS:
a) Kuumuta ahi temperatuurini 375 °F (190 °C) ja vooderda küpsetusplaat küpsetuspaberiga.
b) Sega kastrulis vesi ja või. Kuumuta keskmisel kuumusel, kuni või sulab ja segu keeb.
c) Eemaldage tulelt, lisage jahu ja segage intensiivselt, kuni segu moodustab palli.
d) Lase tainal mõni minut jahtuda, seejärel lisa ükshaaval munad, iga lisamise järel korralikult kloppides.
e) Tõsta tainas torukotti ja piibu ekleerid ettevalmistatud küpsetusplaadile.
f) Küpseta umbes 30 minutit või kuni kuldpruunini. Lase jahtuda.

TÄITMINE:
g) Täida ekleerid karamellimaitselise kondiitrikreemiga. Iga ékleeri täitmiseks võite kasutada torukotti või väikest lusikat.
h) Kaunista täidetud ekleerid hakitud pekanipähklitega.

KARAMELLGLAUSE:
i) Sega paksupõhjalises kastrulis keskmisel kuumusel suhkur ja vesi. Sega, kuni suhkur lahustub.
j) Laske segul ilma segamata keema tõusta. Jätkake küpsetamist, kuni karamell omandab sügava merevaiguvärvi.

k) Lisa ettevaatlikult ja aeglaselt pidevalt segades rõõsk koor. Olge ettevaatlik, sest segu hakkab mullitama.
l) Eemaldage kastrul tulelt ja segage soolata või ühtlaseks massiks.
m) Lase karamellglasuuril mõni minut jahtuda, seejärel kasta iga ékleeri ülaosa karamellglasuuri sisse, tagades ühtlase katvuse. Laske üleliigsel maha tilkuda.
n) Asetage glasuuritud ekleerid alusele ja laske neil jahtuda, kuni karamell on hangunud.
o) Serveeri jahutatult ning naudi pekaanipähkel Caramel Éclairs'i magusat ja pähklilist naudingut!
p) Tekstuuri lisamiseks lisage peale veel hakitud pekanipähklit. Nautige omatehtud pekanipähkli Caramel Éclairs'i!

59. Macadamia valge šokolaadi Éclairs

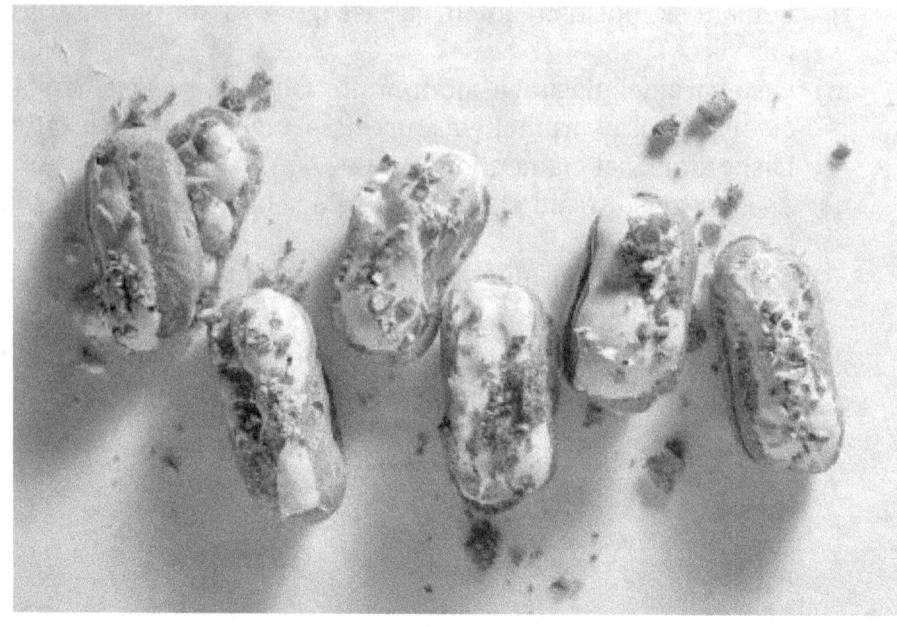

KOOSTISOSAD:
CHOUX SAIA JAOKS:
- 1 tass vett
- 1/2 tassi soolamata võid
- 1 tass universaalset jahu
- 4 suurt muna

TÄIDISEKS:
- 2 tassi valge šokolaadi ja makadaamiapähkli maitsega saiakreemi
- Kaunistuseks purustatud makadaamiapähklid

VALGE ŠOKOLAADI GLAASI PUHUL:
- 1/2 tassi valget šokolaadi, tükeldatud
- 1/4 tassi soolamata võid
- 1 tass tuhksuhkrut
- 1/4 tassi kuuma vett

JUHISED:
CHOUX KÜPSETIS:
a) Kuumuta ahi temperatuurini 375 °F (190 °C) ja vooderda küpsetusplaat küpsetuspaberiga.
b) Sega kastrulis vesi ja või. Kuumuta keskmisel kuumusel, kuni või sulab ja segu keeb.
c) Eemaldage tulelt, lisage jahu ja segage intensiivselt, kuni segu moodustab palli.
d) Lase tainal mõni minut jahtuda, seejärel lisa ükshaaval munad, iga lisamise järel korralikult kloppides.
e) Tõsta tainas torukotti ja piibu ekleerid ettevalmistatud küpsetusplaadile.
f) Küpseta umbes 30 minutit või kuni kuldpruunini. Lase jahtuda.

TÄITMINE:
g) Täida ekleerid valge šokolaadi ja makadaamiapähklimaitselise saiakreemiga. Kasutage iga ékleeri täitmiseks torukotti või väikest lusikat.
h) Kaunista täidetud ekleerid purustatud makadaamia pähklitega.

VALGE ŠOKOLAADI GLASE:
i) Kuumakindlas kausis sulata valge šokolaad ja või kahekordse katla kohal.

j) Tõsta tulelt, lisa tuhksuhkur ja sega järk-järgult kuumas vees ühtlaseks massiks.
k) Kastke iga ékleeri ülaosa valge šokolaadi glasuuri sisse, tagades ühtlase katvuse. Laske üleliigsel maha tilkuda.
l) Aseta glasuuritud ekleerid alusele ja lase jahtuda, kuni valge šokolaad on tahenenud.
m) Serveeri jahutatult ja naudi Macadamia White Chocolate Éclairs'i veetlevat kombinatsiooni!

Vürtsitud ECLAIRS

60. Maple Pumpkin Eclairs

KOOSTISOSAD:
ECLAIRS:
- 1/2 tassi soolamata võid
- 1 tass vett
- 1 tass universaalset jahu
- 1/2 tl jahvatatud kaneeli
- 1/4 tl IGA: sool, jahvatatud muskaatpähkel
- 4 suurt muna

TÄITMISEKS:
- 1/3 tassi toorjuustu, pehmendatud
- 1/3 tassi puhast kõrvitsapüreed
- 1/2 tl vahtrasiirupi ekstrakti
- Puista peale jahvatatud kaneeli, muskaatpähklit
- 1 tass koort, jahutatud
- 1 tass kondiitri suhkrut

GLAASI KOHTA:
- 1 1/2 tassi kondiitri suhkrut
- 1/4 tassi vahtrasiirupit
- 2 spl rasket koort

JUHISED:
PATEEDIKS:
a) Kuumuta ahi temperatuurini 425F/218C. Vooderda küpsetusplaadid küpsetuspaberiga ja valmista prantsuse täheotsaga kondiitritoode.
b) Sõelu kaussi jahu, sool, kaneel ja muskaatpähkel. Keeda potis või ja vesi. Lisa kuivained, sega kuni moodustub taignapall.
c) Lase tainal jahtuda, seejärel lisa ükshaaval munad, sega korralikult läbi. Tõsta tainas kondiitrikotti.

EKLAIRIDE TEGEMINE:
d) Toruge 4–6-tollised ekleerid pärgamentpaberile. Küpseta 425 F juures 10 minutit, seejärel vähenda temperatuurini 375 F ja küpseta 30–35 minutit, kuni see on kuldne. Jahuta restil.

kõrvitsatäidis:
e) Kombineerige toorjuust, kõrvitsapüree, ekstrakt ja vürtsid. Vahusta ühtlaseks.

f) Vahusta eraldi kausis koor ja suhkur, kuni moodustuvad tugevad piigid. Lisa kõrvitsasegu ja vahusta heledaks ja kohevaks.
g) Tõsta täidis kondiitrikotti.

VAHTRAGLAAŽ:

h) Asetage kondiitri suhkur kaussi.
i) Lisa vahtrasiirup ja koor järk-järgult kuni soovitud konsistentsini.

KOOSTAMINE:

j) Kui ekleerid on jahtunud, täitke need küljelt, alt või poolitades ja torude keskele.
k) Kasta iga täidetud ekleeri ülemine pool vahtraglasuuri sisse. Laske üleliigsel glasuuril maha tilkuda.
l) Hoidke ekleere külmkapis õhukindlas anumas.

61. Cinnamon Spice Éclairs

KOOSTISOSAD:
CHOUX SAIA JAOKS:
- 1 tass vett
- 1/2 tassi soolamata võid
- 1 tass universaalset jahu
- 4 suurt muna

TÄIDISEKS:
- 2 tassi kaneeliga maitsestatud saiakreemi

GLASUURI KOHTA:
- 1/2 tassi tumedat šokolaadi, tükeldatud
- 1/4 tassi soolamata võid
- 1 tass tuhksuhkrut
- 1/4 tassi kuuma vett

JUHISED:
CHOUX KÜPSETIS:
a) Kuumuta ahi temperatuurini 375 °F (190 °C) ja vooderda küpsetusplaat küpsetuspaberiga.
b) Sega kastrulis vesi ja või. Kuumuta keskmisel kuumusel, kuni või sulab ja segu keeb.
c) Eemaldage tulelt, lisage jahu ja segage intensiivselt, kuni segu moodustab palli.
d) Lase tainal mõni minut jahtuda, seejärel lisa ükshaaval munad, iga lisamise järel korralikult kloppides.
e) Tõsta tainas torukotti ja piibu ekleerid ettevalmistatud küpsetusplaadile.
f) Küpseta umbes 30 minutit või kuni kuldpruunini. Lase jahtuda.

TÄITMINE:
g) Valmista kaneeliga maitsestatud saiakreem. Klassikalisele kondiitrikreemi retseptile võid lisada jahvatatud kaneeli või kasutada eelnevalt valmistatud kaneelimaitselist kondiitrikreemi.
h) Täida ekleerid kotikese või väikese lusika abil kaneeliga maitsestatud saiakreemiga.

GLASE:
i) Sulata kuumakindlas kausis topeltkatla kohal tume šokolaad ja või.

j) Tõsta tulelt, lisa tuhksuhkur ja sega järk-järgult kuumas vees ühtlaseks massiks.
k) Kasta iga ékleeri ülaosa tumeda šokolaadi glasuuri sisse, tagades ühtlase katvuse. Laske üleliigsel maha tilkuda.
l) Aseta glasuuritud ekleerid alusele ja lase jahtuda, kuni šokolaad on tahenenud.
m) Serveeri jahutatult ning naudi Cinnamon Spice Éclairs'i sooja ja lohutavat maitset!

62. Kardemon Éclairs

KOOSTISOSAD:
CHOUX SAIA JAOKS:
- 1 tass vett
- 1/2 tassi soolamata võid
- 1 tass universaalset jahu
- 4 suurt muna

TÄIDISEKS:
- 2 tassi kardemoniga kaetud saiakreemi

GLASUURI KOHTA:
- 1/2 tassi valget šokolaadi, tükeldatud
- 1/4 tassi soolamata võid
- 1 tass tuhksuhkrut
- 1/4 tassi kuuma vett

JUHISED:
CHOUX KÜPSETIS:
a) Kuumuta ahi temperatuurini 375 °F (190 °C) ja vooderda küpsetusplaat küpsetuspaberiga.
b) Sega kastrulis vesi ja või. Kuumuta keskmisel kuumusel, kuni või sulab ja segu keeb.
c) Eemaldage tulelt, lisage jahu ja segage intensiivselt, kuni segu moodustab palli.
d) Lase tainal mõni minut jahtuda, seejärel lisa ükshaaval munad, iga lisamise järel korralikult kloppides.
e) Tõsta tainas torukotti ja piibu ekleerid ettevalmistatud küpsetusplaadile.
f) Küpseta umbes 30 minutit või kuni kuldpruunini. Lase jahtuda.

TÄITMINE:
g) Valmistage kardemoniga kaetud saiakreem. Jahvatatud kardemoni võid lisada klassikalise kondiitrikreemi retsepti või kasutada eelnevalt valmistatud kardemonimaitselist kondiitrikreemi.
h) Täida ekleerid kardemoniga kaetud kondiitrikreemiga, kasutades kotikest või väikest lusikat.

GLASE:
i) Kuumakindlas kausis sulata valge šokolaad ja või kahekordse katla kohal.

j) Tõsta tulelt, lisa tuhksuhkur ja sega järk-järgult kuumas vees ühtlaseks massiks.
k) Kastke iga ékleeri ülaosa valge šokolaadi glasuuri sisse, tagades ühtlase katvuse. Laske üleliigsel maha tilkuda.
l) Aseta glasuuritud ekleerid alusele ja lase jahtuda, kuni valge šokolaad on tahenenud.
m) Serveeri jahutatult ning naudi Cardamom Éclairs'i aromaatset ja eksootilist maitset!

63.Piparkoogid Éclairs

KOOSTISOSAD:
CHOUX SAIA JAOKS:
- 1 tass vett
- 1/2 tassi soolamata võid
- 1 tass universaalset jahu
- 4 suurt muna

TÄIDISEKS:
- 2 tassi piparkoogimaitselist saiakreemi

GLASUURI KOHTA:
- 1/2 tassi tumedat šokolaadi, tükeldatud
- 1/4 tassi soolamata võid
- 1 tass tuhksuhkrut
- 1/4 tassi kuuma vett

JUHISED:
CHOUX KÜPSETIS:
a) Kuumuta ahi temperatuurini 375 °F (190 °C) ja vooderda küpsetusplaat küpsetuspaberiga.
b) Sega kastrulis vesi ja või. Kuumuta keskmisel kuumusel, kuni või sulab ja segu keeb.
c) Eemaldage tulelt, lisage jahu ja segage intensiivselt, kuni segu moodustab palli.
d) Lase tainal mõni minut jahtuda, seejärel lisa ükshaaval munad, iga lisamise järel korralikult kloppides.
e) Tõsta tainas torukotti ja piibu ekleerid ettevalmistatud küpsetusplaadile.
f) Küpseta umbes 30 minutit või kuni kuldpruunini. Lase jahtuda.

TÄITMINE:
g) Valmista piparkoogimaitseline saiakreem. Klassikalisele kondiitrikreemi retseptile võid lisada jahvatatud ingveri, kaneeli, muskaatpähkli ja nelgi kombinatsiooni või kasutada eelnevalt valmistatud piparkoogimaitselist kondiitrikreemi.
h) Täida ekleerid kotti või väikest lusikat kasutades piparkoogimaitselise kondiitrikreemiga.

GLASE:
i) Sulata kuumakindlas kausis topeltkatla kohal tume šokolaad ja või.

j) Tõsta tulelt, lisa tuhksuhkur ja sega järk-järgult kuumas vees ühtlaseks massiks.
k) Kasta iga ékleeri ülaosa tumeda šokolaadi glasuuri sisse, tagades ühtlase katvuse. Laske üleliigsel maha tilkuda.
l) Aseta glasuuritud ekleerid alusele ja lase jahtuda, kuni šokolaad on tahenenud.
m) Serveeri jahutatult ning naudi piparkoogide sooja ja lohutavat maitset!

64. Muskaatpähkel Infusioon Éclairs

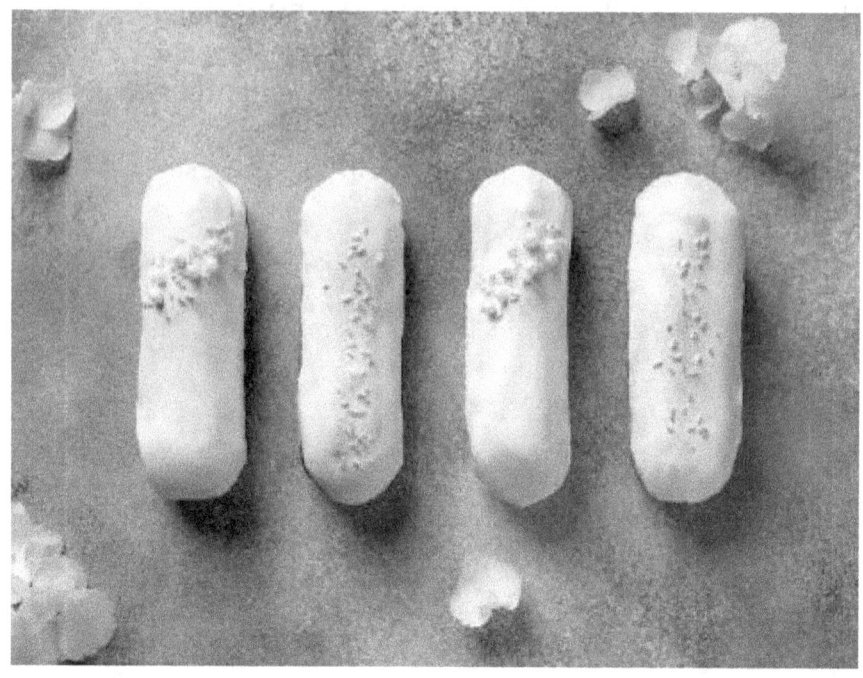

KOOSTISOSAD:
CHOUX SAIA JAOKS:
- 1 tass vett
- 1/2 tassi soolamata võid
- 1 tass universaalset jahu
- 4 suurt muna

TÄIDISEKS:
- 2 tassi muskaatpähkliga infundeeritud saiakreemi

GLASUURI KOHTA:
- 1/2 tassi valget šokolaadi, tükeldatud
- 1/4 tassi soolamata võid
- 1 tass tuhksuhkrut
- 1/4 tassi kuuma vett

JUHISED:
CHOUX KÜPSETIS:
a) Kuumuta ahi temperatuurini 375 °F (190 °C) ja vooderda küpsetusplaat küpsetuspaberiga.
b) Sega kastrulis vesi ja või. Kuumuta keskmisel kuumusel, kuni või sulab ja segu keeb.
c) Eemaldage tulelt, lisage jahu ja segage intensiivselt, kuni segu moodustab palli.
d) Lase tainal mõni minut jahtuda, seejärel lisa ükshaaval munad, iga lisamise järel korralikult kloppides.
e) Tõsta tainas torukotti ja piibu ekleerid ettevalmistatud küpsetusplaadile.
f) Küpseta umbes 30 minutit või kuni kuldpruunini. Lase jahtuda.

TÄITMINE:
g) Valmistage muskaatpähkliga maitsestatud kondiitrikreem. Klassikalisele kondiitrikreemi retseptile võid lisada jahvatatud muskaatpähklit või kasutada eelnevalt valmistatud muskaatpähklimaitselist kondiitrikreemi.
h) Täida ekleerid kotti või väikest lusikat kasutades muskaatpähkeldatud kondiitrikreemiga.

GLASE:
i) Kuumakindlas kausis sulata valge šokolaad ja või kahekordse katla kohal.

j) Tõsta tulelt, lisa tuhksuhkur ja sega järk-järgult kuumas vees ühtlaseks massiks.
k) Kastke iga ékleeri ülaosa valge šokolaadi glasuuri sisse, tagades ühtlase katvuse. Laske üleliigsel maha tilkuda.
l) Aseta glasuuritud ekleerid alusele ja lase jahtuda, kuni valge šokolaad on tahenenud.
m) Serveeri jahutatult ja naudi Nutmeg Infusion Éclairs'i peent soojust ja lõhna!

65. Chai Latte Éclairs

KOOSTISOSAD:
CHOUX SAIA JAOKS:
- 1 tass vett
- 1/2 tassi soolamata võid
- 1 tass universaalset jahu
- 4 suurt muna

TÄIDISEKS:
- 2 tassi chai latte lisandiga kondiitrikreemi

GLASUURI KOHTA:
- 1/2 tassi tumedat šokolaadi, tükeldatud
- 1/4 tassi soolamata võid
- 1 tass tuhksuhkrut
- 1/4 tassi kuuma vett

JUHISED:
CHOUX KÜPSETIS:
a) Kuumuta ahi temperatuurini 375 °F (190 °C) ja vooderda küpsetusplaat küpsetuspaberiga.
b) Sega kastrulis vesi ja või. Kuumuta keskmisel kuumusel, kuni või sulab ja segu keeb.
c) Eemaldage tulelt, lisage jahu ja segage intensiivselt, kuni segu moodustab palli.
d) Lase tainal mõni minut jahtuda, seejärel lisa ükshaaval munad, iga lisamise järel korralikult kloppides.
e) Tõsta tainas torukotti ja piibu ekleerid ettevalmistatud küpsetusplaadile.
f) Küpseta umbes 30 minutit või kuni kuldpruunini. Lase jahtuda.

TÄITMINE:
g) Valmista ette chai latte'ga infusiooniga kondiitrikreem. Lisage jahvatatud chai vürtse (kaneel, kardemon, ingver, nelk) klassikalise kondiitrikreemi retsepti sisse või kasutage eelnevalt valmistatud chai latte-maitselist saiakreemi.
h) Täida ekleerid kotti või väikest lusikat kasutades chai latte lisandiga kondiitrikreemiga.

GLASE:
i) Sulata kuumakindlas kausis topeltkatla kohal tume šokolaad ja või.

j) Tõsta tulelt, lisa tuhksuhkur ja sega järk-järgult kuumas vees ühtlaseks massiks.
k) Kasta iga ékleeri ülaosa tumeda šokolaadi glasuuri sisse, tagades ühtlase katvuse. Laske üleliigsel maha tilkuda.
l) Aseta glasuuritud ekleerid alusele ja lase jahtuda, kuni šokolaad on tahenenud.
m) Serveeri jahutatult ning naudi Chai Latte Éclairs'i rikkalikku ja vürtsikat maitset!

66.Vürtsitud apelsinikoorega Éclairs

KOOSTISOSAD:
CHOUX SAIA JAOKS:
- 1 tass vett
- 1/2 tassi soolamata võid
- 1 tass universaalset jahu
- 4 suurt muna

TÄIDISEKS:
- 2 tassi apelsinikoorega maitsestatud kondiitrikreemi

GLASUURI KOHTA:
- 1/2 tassi valget šokolaadi, tükeldatud
- 1/4 tassi soolamata võid
- 1 tass tuhksuhkrut
- 1/4 tassi kuuma vett

JUHISED:
CHOUX KÜPSETIS:
a) Kuumuta ahi temperatuurini 375 °F (190 °C) ja vooderda küpsetusplaat küpsetuspaberiga.
b) Sega kastrulis vesi ja või. Kuumuta keskmisel kuumusel, kuni või sulab ja segu keeb.
c) Eemaldage tulelt, lisage jahu ja segage intensiivselt, kuni segu moodustab palli.
d) Lase tainal mõni minut jahtuda, seejärel lisa ükshaaval munad, iga lisamise järel korralikult kloppides.
e) Tõsta tainas torukotti ja piibu ekleerid ettevalmistatud küpsetusplaadile.
f) Küpseta umbes 30 minutit või kuni kuldpruunini. Lase jahtuda.

TÄITMINE:
g) Valmistage apelsinikoorega maitsestatud saiakreem. Lisa klassikalisele kondiitrikreemi retseptile jahvatatud maitseained (kaneel, nelk, muskaatpähkel) ja peeneks riivitud apelsinikoor või kasuta eelnevalt valmistatud vürtsidega apelsinikoore maitsega kondiitrikreemi.
h) Täida ekleerid vürtsikotti või väikest lusikat kasutades vürtsitatud apelsinikoorega kondiitrikreemiga.

GLASE:

i) Kuumakindlas kausis sulata valge šokolaad ja või kahekordse katla kohal.
j) Tõsta tulelt, lisa tuhksuhkur ja sega järk-järgult kuumas vees ühtlaseks massiks.
k) Kastke iga ékleeri ülaosa valge šokolaadi glasuuri sisse, tagades ühtlase katvuse. Laske üleliigsel maha tilkuda.
l) Aseta glasuuritud ekleerid alusele ja lase jahtuda, kuni valge šokolaad on tahenenud.
m) Serveerige jahutatult ja nautige vürtsikate maitsete ja tsitruseliste meeldivat kombinatsiooni Spiced Orange Zest Éclairs'is!

CANDY ECLAIRS

67.Maapähklivõi Cup Eclair

KOOSTISOSAD:
CHOUX KOIANA
- 1 tass vett
- 1 tass jahu
- 0,5 tassi kuubikuteks võid
- 0,25 tl soola
- 4 suurt muna

ŠOKOLAADIKREEMI PATISEERIA
- 1,5 tassi piima
- 1 tass rasket koort
- 1 tl vanilli
- 2 spl kakaopulbrit
- 3 munakollast
- 1 täis muna
- 0,5 tassi suhkrut
- 2,5 spl maisitärklist
- 0,25 tl soola
- 5 untsi peeneks hakitud mõru-magusat või poolmagusat šokolaadi
- 3 spl pehmet/toasooja võid

MAAPÄHKLIVÕI GANATŠE
- 1/3 tassi rasket koort
- 2 spl võid
- 0,5 tassi maapähklivõid (sile või tükike)
- 0,5 naela peeneks hakitud mõru-magusat šokolaadi

KAUNISTUSEKS
- Reese's Pieces Pakkimata minitassid või miniatuurid
- Kuivröstitud, soolatud maapähklid

JUHISED:
CHOUX KÜPSETIS:
a) Kuumuta ahi 400 °F-ni. Vooderda küpsetusplaadid küpsetuspaberiga ja pihusta mittenakkuva küpsetusspreiga.
b) Sega sool jahu hulka ja tõsta kõrvale.
c) Sega kastrulis vesi ja tükeldatud või, lase keema tõusta, seejärel lisa jahu/sool. Sega, kuni moodustub pasta.

d) Jätkake tulel segamist, kuni tainas moodustab palli ja tõmbub pannilt eemale.
e) Lase tainal veidi jahtuda, seejärel lisa ükshaaval korralikult segades munad.
f) Tõsta tainas torukotti ja toru 3–4 tolli pikkused küpsetuspaberitele.
g) Küpseta 10 minutit temperatuuril 400 °F, seejärel alanda kuumust 375 °F-ni ja küpseta veel 20 minutit. Ärge avage ahju küpsetamise ajal.

ŠOKOLAADIKREEMI PATISEERIA:
h) Sega kastrulis piim, koor ja vanill. Vahusta eraldi kausis suhkur, munad, munakollased, maisitärklis, kakaopulber ja sool.
i) Kalla pool aurutatud piimast pidevalt vahustades munasegusse. Ülejäänud lisage järk-järgult ja valage seejärel tagasi kastrulisse.
j) Kuumuta keskmisel kuumusel pidevalt vahustades, kuni koor hakkab mullitama. Lisa tükeldatud šokolaad ja vahusta kuni sulamiseni.
k) Eemaldage tulelt, lisage või, vahustage, kuni segu on segunenud. Katke pealispinda puudutades kilega ja jahutage.

ECLAIRIDE KOOSTAMINE KOndiitrikreemiga:
l) Paigaldage õhukese ja tavalise otsaga torukott. Täida saiakreemiga.
m) Torka iga ekleeri alumisse külge kaks auku. Täida mõlemast otsast saiakreemiga.

MAAPÄHKLIVÕI GANATŠE:
n) Haki šokolaad väikesteks laastudeks. Kuumuta koor potis.
o) Vala kuum koor šokolaadile. Laske sellel umbes 45 sekundit sulada, seejärel segage ühtlaseks massiks.
p) Sega hulka maapähklivõi ja või ühtlaseks massiks. Jahuta toatemperatuurini.

KAUNISTUS:
q) Härma ekleerid maapähklivõi ganache'iga spaatli abil.
r) Vahusta ülejäänud ganache statsionaarses mikseris ja toru ekleeride peale.
s) Kõige peale pane väikesed maapähklivõitopsid ja soolatud maapähklid.

68. Soolatud karamelli ekleerid

KOOSTISOSAD:
PATE CHOUX
- 1 tass jahu
- 1 tass vett
- 8 spl soolata võid
- ½ tl soola
- 4 muna

KOIGNAKREEM
- 2 ¼ tassi täispiima
- ¼ tassi maisitärklist
- ¼ tassi suhkrut
- 4 munakollast
- 1 vaniljekaun poolitatud ja seemned eemaldatud
- Näputäis soola

SOOLA KARAMELLKASTE
- 1 tass suhkrut
- ¼ tassi soolamata võid 4 Tb, tükkideks lõigatud
- 1 tl vaniljeekstrakti
- ½ tassi rasket koort
- ½ tl helbelist meresoola + rohkem, kaunistuseks

JUHISED:
VALMISTA KOIGNAKREEM
a) Lisage keskmisesse potti piim, maisitärklis, suhkur, munakollased, näputäis soola ja tükeldatud vaniljekaun ning kuumutage keskmisel kuumusel.

b) Vahusta segu ühtlaseks ja paksemaks ning kooresegu katab lusika seljaosa.

c) Kui segu on paksenenud, tõsta segu tulelt ja kurna läbi peene sõela teise kaussi. See aitab eemaldada kõik tükid või munad, mis võisid segada.

d) Asetage kilekiht otse kreemi peale, veendudes, et see puutuks kokku, et ei tekiks "nahka", ja jahutage kondiitrikreemi külmikus, kuni see on täielikult jahtunud, vähemalt 4 tundi. (Märkus* Mida kauem see seisab, seda paksemaks kreem muutub ja seda on lihtsam tainasse torustada).

VALMISTA PÂTE À CHOUX (kondiitritainas)

e) Kuumuta ahi 425 kraadini Fahrenheiti ja vooderda 2 küpsetusplaati küpsetuspaberi või silpatiga.
f) Vahepeal sulatage keskmises potis keskmisel-madalal kuumusel või, vesi ja sool.
g) Lisa jahu ja sega lusikaga, kuni kõik on omavahel segunenud ja moodustab taigna. Jätkake taigna küpsetamist 2 minutit, veendudes, et toorjahu ei jääks.
h) Lisage ükshaaval munad ja jätkake lusikaga segamist, kuni kõik on hästi segunenud. See võib alguses tunduda märg, kuid tainas tuleb kokku ja tõmbub poti külgedelt eemale.
i) Tõsta tainas tulelt ja tõsta torukotti või suletavasse kilekotti. Täida kott 3,4 ulatuses täis ja lõika ühest nurgast tervik.
j) Torutage küpsetusplaadile kondiitrikreemi palgid, umbes 4–5 tolli pikkused, igale ahjuplaadile mahub umbes 10–12 tükki.
k) Küpsetage pâte à choux 425 kraadi Fahrenheiti juures 10 minutit, seejärel vähendage kuumust 250 kraadini Fahrenheiti ja jätkake küpsetamist veel 20 minutit või kuni kogu pâte à choux on kuldpruun. Kui valmis, võta ahjust välja ja lase täielikult jahtuda.

VALMISTA SOOLAKARAMELLKASTE

l) Lisa suhkur väikesesse potti ja keeda tasasel tulel, kuni suhkur muutub tükkideks.
m) Vajadusel kasutage suhkru purustamiseks puulusikaga ja jätkake küpsetamist, kuni suhkur sulab ja on täiesti sile ja muutub heleprууniks.
n) Lisa või, vanill ja koor ning sega omavahel. Lisa näpuotsatäis helbest meresoola ja maitsesta.
o) Lülitage kuumus välja ja jätkake karamellkastme segamist, kuni see pakseneb ja valatakse. Kõrvale pandud.

KOKKU KOKKUVÕTE ECLAIRS

p) Kasutage söögipulka või vardas ja torkake kondiitrikesta mõlemale küljele augud, luues taina sisse tunneli.
q) Tõsta jahtunud kondiitrikreem kondiitritainasse, kuid ära täitke üle.
r) Kasta ekleeri üks pool karamellkastmesse või võid lusikaga lusikaga karamellkastet üle kanda.
s) Kaunista ekleeri ekstra meresoola või söödavate puistatega.

69. S'mores Éclairs

KOOSTISOSAD:

- 1 tass täispiima
- 1 tass vett
- 1 tass soolata võid, tükkideks lõigatud
- 1 tl suhkrut
- ½ tl soola
- 1 tass universaalset jahu
- 7 suurt muna, toatemperatuuril
- ¾ tassi grahami kreekeripuru
- 4 tassi vahukoort
- 1 tass šokolaadi ganache

JUHISED:

a) Kuumuta ahi liiga 400 ° F-ni. Valmista 2 suurt küpsetuspaberit küpsetuspaberiga. Kõrvale panema.
b) Kuumuta paksupõhjalises keskmises kastrulis piim, vesi, või, suhkur ja sool keemiseni. Kui segu on keema tõusnud, lisage korraga kogu jahu, vähendage kuumust keskmisele ja segage segu kiiresti puulusikaga. 1 minuti pärast alandage kuumust madalaks ja segage veel 3 minutit. Tainas tuleb ühtlane ja läikiv.
c) Tõsta tainas labakinnitusega varustatud mikseri kaussi. Vahusta tainast 5 minutit, et see jahtuda.
d) Lisa ükshaaval munad, vahustades iga muna lisamise järel 1 minut. Tainas eraldub, kuid mõne aja pärast tuleb see uuesti kokku.
e) Asetage tainas 1-tollise avaga torukotti. Tõsta tainas 3–4-tollise pikkusega küpsetuspaberiga kaetud ahjuplaatidele. Vajadusel puudutage niisutatud sõrmega sakilisi taignaservi.
f) Küpseta ekleere 20 minutit või kuni need on paisunud ja kuldpruunid. Küpsetusaja poole peal pööra pannid ümber.
g) Täidise valmistamiseks murra vahukoore hulka grahami kreekeripuru.
h) Kui ekleerid on jahtunud, täitke need vahukoorega, kasutades pikka kitsast otsakut.

70.Piparmündi ekleerid

KOOSTISOSAD:
PATEEDIKS:
- 1/2 tassi soolamata võid
- 1 tass vett
- 1/4 tl soola
- 1 tass universaalset jahu
- 4 suurt muna

PIPARMÜNTI TÄIDISEKS:
- 1/2 tassi soolamata võid, pehmendatud
- 4 untsi toorjuustu, pehmendatud
- 1/2 tassi magustatud kondenspiima
- 1 1/2 tassi rasket koort, jahutatud
- 1 tass kondiitri suhkrut (valikuline)
- 1 tl vanilli
- 1/4 tl piparmündiõli

GARNISEERIMISEKS:
- 1 1/2 tassi valget šokolaadi sulab
- 1/2 tassi purustatud kommiroogasid
- Punane toiduvärv (valikuline)

JUHISED:
PATEEDIKS:
a) Kuumuta ahi temperatuurini 425F/218C ja vooderda küpsetusplaat küpsetuspaberiga.
b) Sulata potis või, lisa vesi ja sool, lase keema tõusta.
c) Lisa jahu, vahusta kuni moodustub taignapall. Laske sellel 20 minutit jahtuda.
d) Lisa vähehaaval ükshaaval munad, pärast iga lisamist korralikult segades.
e) Tõsta tainas kondiitrikotti ja toru 4–6-tollised ekleerid küpsetusplaadile.
f) Küpseta 425F/218C juures 10 minutit, seejärel vähenda kuumust 375F/190C-ni ja küpseta 40–45 minutit, kuni see on kuldne. Ärge avage ahju ust.

TÄITMISEKS:
g) Vahusta pehme või ja toorjuust ühtlaseks vahuks.
h) Lisa magustatud kondenspiim, sega kreemjaks.

i) Lisage jahutatud koor, vanill ja piparmündiõli. Sega kuni moodustuvad jäigad tipud.

EKLAIRIDE KOOSTAMINE:

j) Jahuta ekleerid täielikult maha ja tekita täitmiseks augud.
k) Tõsta täidis täidiseotsaga kondiitrikotti ja täitke ekleerid, kuni kreem otstest välja tuleb.
l) Kaunistuseks kasta ekleerid sulatatud valgesse šokolaadi, seejärel puista peale purustatud kommiroogasid.
m) Soovi korral reserveerige 1 tass vahukoort, lisage punane toiduvärv ja piipuge tavaliste ekleeride peale. Kaunista purustatud kommiroogadega.
n) Hoida külmkapis, kui seda ei tarbita mõne tunni jooksul. Parim nautida 2-3 päeva jooksul.

71. Toffee Crunch Éclairs

KOOSTISOSAD:

CHOUX SAIA JAOKS:
- 1 tass vett
- 1/2 tassi soolamata võid
- 1 tass universaalset jahu
- 4 suurt muna

TÄIDISEKS:
- 2 tassi iirisemaitselist saiakreemi

TOFFEE CRUCH KATTEKS:
- 1 tass iirisetükke või purustatud iirisekommi
- 1/2 tassi hakitud pähkleid (nt mandlid või pekanipähklid)

GLASUURI KOHTA:
- 1/2 tassi tumedat šokolaadi, tükeldatud
- 1/4 tassi soolamata võid
- 1 tass tuhksuhkrut
- 1/4 tassi kuuma vett

JUHISED:

CHOUX KÜPSETIS:

a) Kuumuta ahi temperatuurini 375 °F (190 °C) ja vooderda küpsetusplaat küpsetuspaberiga.
b) Sega kastrulis vesi ja või. Kuumuta keskmisel kuumusel, kuni või sulab ja segu keeb.
c) Eemaldage tulelt, lisage jahu ja segage intensiivselt, kuni segu moodustab palli.
d) Lase tainal mõni minut jahtuda, seejärel lisa ükshaaval munad, iga lisamise järel korralikult kloppides.
e) Tõsta tainas torukotti ja piibu ekleerid ettevalmistatud küpsetusplaadile.
f) Küpseta umbes 30 minutit või kuni kuldpruunini. Lase jahtuda.

TÄITMINE:

g) Valmista iirisemaitseline kondiitrikreem. Klassikalisele kondiitrikreemi retseptile võid lisada iiriseekstrakti või purustatud iirisetükke või kasutada eelnevalt valmistatud iirisemaitselist kondiitrikreemi.
h) Täida ekleerid iirisemaitselise kondiitrikreemiga, kasutades torukotti või väikest lusikat.

TOFFEE CRUNCH TOPPING:
i) Sega kausis kokku iirisetükid ja hakitud pähklid.
j) Piserdage iiriskrõbina katet täidetud ekleeridega, tagades ühtlase katvuse.

GLASE:
k) Sulata kuumakindlas kausis topeltkatla kohal tume šokolaad ja või.
l) Tõsta tulelt, lisa tuhksuhkur ja sega järk-järgult kuumas vees ühtlaseks massiks.
m) Kasta iga ékleeri ülaosa tumeda šokolaadi glasuuri sisse, tagades ühtlase katvuse. Laske üleliigsel maha tilkuda.
n) Aseta glasuuritud ekleerid alusele ja lase jahtuda, kuni šokolaad on tahenenud.
o) Serveeri jahutatult ning naudi Toffee Crunch Éclairs'i magusat ja krõmpsuvat headust!

72.Cutton Candy Éclairs

KOOSTISOSAD:
CHOUX SAIA JAOKS:
- 1 tass vett
- 1/2 tassi soolamata võid
- 1 tass universaalset jahu
- 4 suurt muna

TÄIDISEKS:
- 2 tassi suhkruvatt-maitselist saiakreemi

KOMMIVALT GARNISEKS:
- Katteks suhkruvatt

GLASUURI KOHTA:
- 1/2 tassi valget šokolaadi, tükeldatud
- 1/4 tassi soolamata võid
- 1 tass tuhksuhkrut
- 1/4 tassi kuuma vett

JUHISED:
CHOUX KÜPSETIS:
a) Kuumuta ahi temperatuurini 375 °F (190 °C) ja vooderda küpsetusplaat küpsetuspaberiga.
b) Sega kastrulis vesi ja või. Kuumuta keskmisel kuumusel, kuni või sulab ja segu keeb.
c) Eemaldage tulelt, lisage jahu ja segage intensiivselt, kuni segu moodustab palli.
d) Lase tainal mõni minut jahtuda, seejärel lisa ükshaaval munad, iga lisamise järel korralikult kloppides.
e) Tõsta tainas torukotti ja piibu ekleerid ettevalmistatud küpsetusplaadile.
f) Küpseta umbes 30 minutit või kuni kuldpruunini. Lase jahtuda.

TÄITMINE:
g) Valmista suhkruvatt-maitseline saiakreem. Klassikalisele kondiitrikreemi retseptile võid lisada suhkruvatt-maitseainet või purustatud suhkruvatti või kasutada eelnevalt valmistatud suhkruvatimaitselist kondiitrikreemi.
h) Täida ekleerid kotikese või väikese lusika abil suhkruvati maitselise kondiitrikreemiga.

PUHVAKOMMIDE GARNIS:

i) Vahetult enne serveerimist lisage igale ekleerile tükike suhkruvatti, et saada omapärane puudutus.

GLASE:

j) Kuumakindlas kausis sulata valge šokolaad ja või kahekordse katla kohal.
k) Tõsta tulelt, lisa tuhksuhkur ja sega järk-järgult kuumas vees ühtlaseks massiks.
l) Kastke iga ékleeri ülaosa valge šokolaadi glasuuri sisse, tagades ühtlase katvuse. Laske liial maha tilkuda.
m) Aseta glasuuritud ekleerid alusele ja lase jahtuda, kuni valge šokolaad on tahenenud.
n) Serveeri jahutatult ja koge Cotton Candy Éclairs'i magusat nostalgiat!

73. Rocky Road Éclairs

KOOSTISOSAD:
CHOUX SAIA JAOKS:
- 1 tass vett
- 1/2 tassi soolamata võid
- 1 tass universaalset jahu
- 4 suurt muna

TÄIDISEKS:
- 2 tassi šokolaadivahtu või šokolaadimaitselist saiakreemi

KALJUTE TEEDE KOHTA:
- 1 tass mini vahukomme
- 1/2 tassi hakitud pähkleid (nt mandleid või kreeka pähkleid)
- 1/2 tassi šokolaaditükke või tükke

ŠOKOLAADI GLAASI JUURDE:
- 1/2 tassi tumedat šokolaadi, tükeldatud
- 1/4 tassi soolamata võid
- 1 tass tuhksuhkrut
- 1/4 tassi kuuma vett

JUHISED:
CHOUX KÜPSETIS:
a) Kuumuta ahi temperatuurini 375 °F (190 °C) ja vooderda küpsetusplaat küpsetuspaberiga.
b) Sega kastrulis vesi ja või. Kuumuta keskmisel kuumusel, kuni või sulab ja segu keeb.
c) Eemaldage tulelt, lisage jahu ja segage intensiivselt, kuni segu moodustab palli.
d) Lase tainal mõni minut jahtuda, seejärel lisa ükshaaval munad, iga lisamise järel korralikult kloppides.
e) Tõsta tainas torukotti ja piibu ekleerid ettevalmistatud küpsetusplaadile.
f) Küpseta umbes 30 minutit või kuni kuldpruunini. Lase jahtuda.

TÄITMINE:
g) Valmista šokolaadivaht või šokolaadimaitseline saiakreem. Võite kasutada eelnevalt valmistatud versiooni või teha ise vastavalt oma eelistustele.
h) Täida ekleerid šokolaadivahu või šokolaadimaitselise kondiitrikreemiga, kasutades torukotti või väikest lusikat.

ROCKY ROAD TOPPING:
i) Sega kausis kokku minivahukommid, hakitud pähklid ja šokolaaditükid.
j) Puista ohtralt kivist teekatet täidetud ekleeride peale, tagades ühtlase katvuse.

ŠOKOLAADI GLASE:
k) Sulata kuumakindlas kausis topeltkatla kohal tume šokolaad ja või.
l) Tõsta tulelt, lisa tuhksuhkur ja sega järk-järgult kuumas vees ühtlaseks massiks.
m) Kasta iga ékleeri ülaosa šokolaadiglasuuri, tagades ühtlase katvuse. Laske üleliigsel maha tilkuda.
n) Aseta glasuuritud ekleerid alusele ja lase jahtuda, kuni šokolaad on tahenenud.
o) Serveeri jahutatult ja naudi meeldivat tekstuuride ja maitsete kombinatsiooni Rocky Road Éclairsis!

74. Bubblegum Éclairs

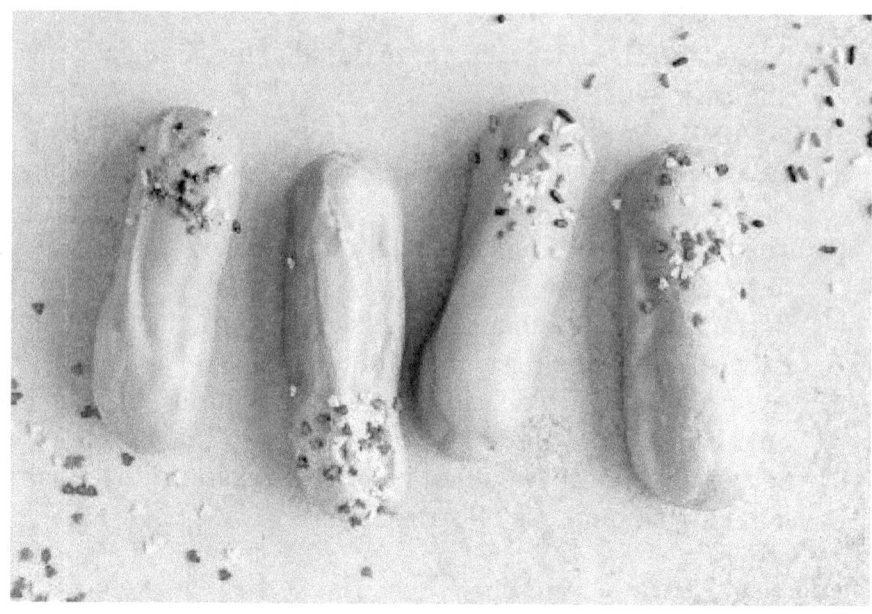

KOOSTISOSAD:
CHOUX SAIA JAOKS:
- 1 tass vett
- 1/2 tassi soolamata võid
- 1 tass universaalset jahu
- 4 suurt muna

TÄIDISEKS:
- 2 tassi närimiskummiga maitsestatud saiakreemi

BUBLEGUM GLAZUURI JAOKS :
- 1 tass tuhksuhkrut
- 2-3 supilusikatäit piima
- 1-2 tl närimiskummi ekstrakti või maitseainet (kohanda maitse järgi)
- Roosa või sinine toiduvärv (valikuline)

JUHISED:
CHOUX KÜPSETIS:
a) Kuumuta ahi temperatuurini 375 °F (190 °C) ja vooderda küpsetusplaat küpsetuspaberiga.
b) Sega kastrulis vesi ja või. Kuumuta keskmisel kuumusel, kuni või sulab ja segu keeb.
c) Eemaldage tulelt, lisage jahu ja segage intensiivselt, kuni segu moodustab palli.
d) Lase tainal mõni minut jahtuda, seejärel lisa ükshaaval munad, iga lisamise järel korralikult kloppides.
e) Tõsta tainas torukotti ja piibu ekleerid ettevalmistatud küpsetusplaadile.
f) Küpseta umbes 30 minutit või kuni kuldpruunini. Lase jahtuda.

TÄITMINE:
g) Valmista närimiskummimaitseline saiakreem. Lisage närimiskummi ekstrakti või maitseainet klassikalisele kondiitrikreemi retseptile või kasutage eelnevalt valmistatud närimiskummiga maitsestatud kondiitrikreemi.
h) Täida ekleerid närimiskoti või väikese lusika abil närimiskummimaitselise kondiitrikreemiga.

MULLILIKLAAS:

i) Sega kausis tuhksuhkur, piim ja näriliste ekstrakt. Sega ühtlaseks.
j) Soovi korral lisage mullivärvi saavutamiseks paar tilka roosat või sinist toiduvärvi.
k) Kastke iga ékleeri ülaosa mulliglasuuri, tagades ühtlase katvuse. Laske üleliigsel maha tilkuda.
l) Asetage glasuuritud ekleerid alusele ja laske neil jahtuda, kuni glasuur on hangunud.
m) Serveeri jahutatult ja koge Bubblegum Éclairs'i lõbusat ja ainulaadset maitset!

75. Sour Patch Citrus Éclairs

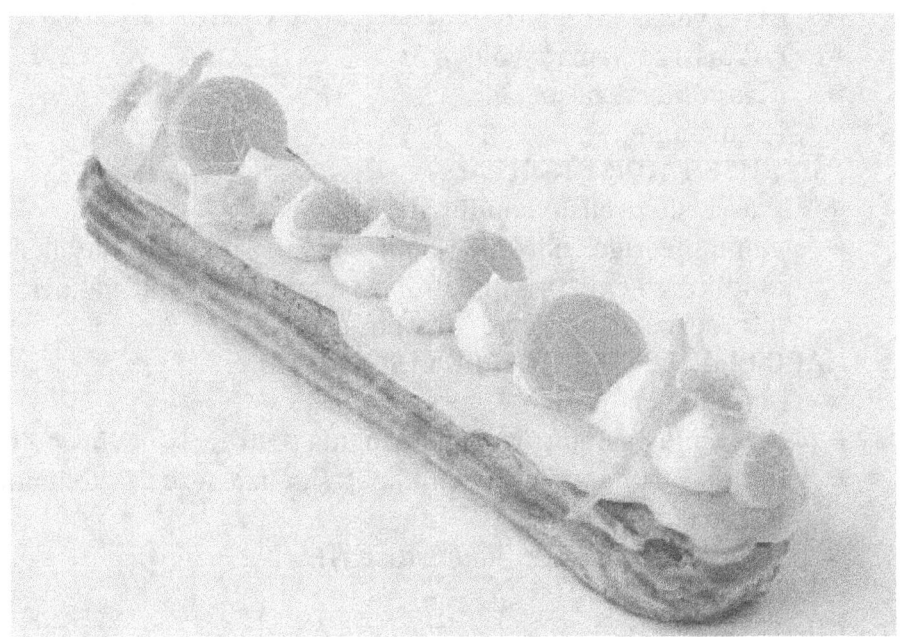

KOOSTISOSAD:
CHOUX SAIA JAOKS:
- 1 tass vett
- 1/2 tassi soolamata võid
- 1 tass universaalset jahu
- 4 suurt muna

TSITRUSE TÄIDISE KOHTA:
- 2 tassi tsitruseliste kondiitrikreemi
- (Kombineerige sidruni-, laimi- ja apelsinikoor klassikalises kondiitrikreemi retseptis või kasutage eelnevalt valmistatud tsitruselise maitsega kondiitrikreemi.)

HAPU PLASTIK TSITRUSEGLAASI KOHTA:
- 1 tass tuhksuhkrut
- 2-3 supilusikatäit tsitruseliste mahla (sidrun, laim või apelsin)
- 1-2 tl sidrunhapet või viinhapet (hapukuse osas kohandage maitse järgi)
- Ühe tsitrusvilja koor (kaunistuseks)

JUHISED:
CHOUX KÜPSETIS:
a) Kuumuta ahi temperatuurini 375 °F (190 °C) ja vooderda küpsetusplaat küpsetuspaberiga.
b) Sega kastrulis vesi ja või. Kuumuta keskmisel kuumusel, kuni või sulab ja segu keeb.
c) Eemaldage tulelt, lisage jahu ja segage intensiivselt, kuni segu moodustab palli.
d) Lase tainal mõni minut jahtuda, seejärel lisa ükshaaval munad, iga lisamise järel korralikult kloppides.
e) Tõsta tainas torukotti ja piibu ekleerid ettevalmistatud küpsetusplaadile.
f) Küpseta umbes 30 minutit või kuni kuldpruunini. Lase jahtuda.

TSITRUSE TÄIDIS:
g) Valmistage tsitruseliste kondiitritoodete kreem. Kombineerige sidruni-, laimi- ja apelsinikoor klassikalises kondiitrikreemi retseptis või kasutage eelnevalt valmistatud tsitruselise maitsega kondiitrikreemi.

h) Täida ekleerid koti või väikese lusika abil tsitruseliste kondiitrikreemiga.

SOUR PLASTCH TSITRUSEGLAAŽ:

i) Sega kausis tuhksuhkur, tsitruseliste mahl ja sidrunhape. Sega ühtlaseks. Reguleerige sidrunhapet soovitud hapukuse taseme saavutamiseks.
j) Kastke iga ékleeri ülaosa hapuka tsitruselise glasuuri sisse, tagades ühtlase katvuse. Laske üleliigsel maha tilkuda.
k) Puista glasuuritud ekleeridele kaunistuseks tsitrusviljade koort.
l) Asetage glasuuritud ekleerid alusele ja laske neil jahtuda, kuni glasuur on hangunud.
m) Serveerige jahutatult ja nautige Sour Patch Citrus Éclairs'i mõnusat ja teravat maitset!

76.Lagritsa armastajad Éclairs

KOOSTISOSAD:
CHOUX SAIA JAOKS:
- 1 tass vett
- 1/2 tassi soolamata võid
- 1 tass universaalset jahu
- 4 suurt muna

TÄIDISEKS:
- 2 tassi lagritsamaitselist saiakreemi

Lagritsaglasuuri jaoks:
- 1 tass tuhksuhkrut
- 2-3 spl lagritsa siirupit või ekstrakti
- Must toiduvärv (valikuline, värvi jaoks)
- Vesi (vastavalt konsistentsi tagamiseks)

JUHISED:
CHOUX KÜPSETIS:
a) Kuumuta ahi temperatuurini 375 °F (190 °C) ja vooderda küpsetusplaat küpsetuspaberiga.
b) Sega kastrulis vesi ja või. Kuumuta keskmisel kuumusel, kuni või sulab ja segu keeb.
c) Eemaldage tulelt, lisage jahu ja segage intensiivselt, kuni segu moodustab palli.
d) Lase tainal mõni minut jahtuda, seejärel lisa ükshaaval munad, iga lisamise järel korralikult kloppides.
e) Tõsta tainas torukotti ja piibu ekleerid ettevalmistatud küpsetusplaadile.
f) Küpseta umbes 30 minutit või kuni kuldpruunini. Lase jahtuda.

TÄITMINE:
g) Valmista lagritsamaitseline saiakreem. Lisage lagritsasiirupit või -ekstrakti klassikalisele kondiitrikreemi retseptile või kasutage eelnevalt valmistatud lagritsamaitselist kondiitrikreemi.
h) Täida ekleerid kotti või väikest lusikat kasutades lagritsamaitselise kondiitrikreemiga.

Lagritsaglasuur:
i) Sega kausis tuhksuhkur ja lagritsasiirup või -ekstrakt. Lisage vett järk-järgult, kuni saavutate soovitud glasuuri konsistentsi.

j) Soovi korral lisa musta toiduvärvi, et saavutada sügav lagritsavärv.
k) Kastke iga ékleeri ülaosa lagritsaglasuuri sisse, tagades ühtlase katvuse. Laske üleliigsel maha tilkuda.
l) Asetage glasuuritud ekleerid alusele ja laske neil jahtuda, kuni glasuur on hangunud.
m) Serveeri jahutatult ja koge Lacorice Lovers Éclairs'i julget ja ainulaadset maitset!

KOHVIMAITSED ECLAIRS

77.Cappuccino ekleerid

KOOSTISOSAD:

- 1 partii omatehtud või poest ostetud eclair-taignakarpe
- 1 tass rasket koort
- 2 spl lahustuva kohvi graanuleid
- ¼ tassi tuhksuhkrut
- ½ tl vaniljeekstrakti
- ¼ tassi kakaopulbrit (tolmutamiseks)

JUHISED:

a) Valmista ekleeritaigna kestad retsepti või pakendi juhiste järgi ja lase jahtuda.
b) Lahustage lahustuva kohvi graanulid väikeses kausis mõnes supilusikatäies kuumas vees. Laske sellel jahtuda.
c) Vahusta eraldi kausis koor, tuhksuhkur ja vaniljeekstrakt, kuni moodustuvad tugevad piigid.
d) Sega kohvisegu õrnalt vahukoore hulka.
e) Lõika iga ekleerikoor horisontaalselt pooleks ja täitke need kohvimaitselise vahukoorega.
f) Puista ekleeride pealsed kakaopulbriga üle.
g) Serveeri ja naudi omatehtud cappuccino ekleere!

78.Tiramisu ekleerid

KOOSTISOSAD:
ECLAIR DOUGH:
- 3 suurt muna, toatemperatuuril
- 1/2 tassi vett
- 4 1/2 supilusikatäit soolamata võid, lõigatud 1/2-tollisteks kuubikuteks
- 3 supilusikatäit granuleeritud suhkrut
- 3/4 tassi sõelutud universaalset jahu
- 1 supilusikatäis lahustuvat kohvi
- 1 1/2 tl jahvatatud kaneeli

MASCARPONE TÄIDIS:
- 8 untsi mascarpone juustu
- 1/2 tassi rasket koort
- 6 supilusikatäit granuleeritud suhkrut
- 2 spl heledat rummi

GLASE:
- 1/2 tassi kondiitri suhkrut
- 5 tl rasket koort

JUHISED:
ECLAIR DOUGH:
a) Kuumuta ahi 425 kraadini F. Vooderda kaks küpsetusplaati küpsetuspaberiga.
b) Segage mune klaasist mõõtetopsis, kuni need on segunenud. Jäta 2 supilusikatäit lahtiklopitud mune väikesesse tassi.
c) Sega keskmises paksus kastrulis vesi, või ja suhkur. Kuumuta keskmisel kuumusel, kuni või on sulanud.
d) Tõsta kuumus keskmisele kõrgele ja lase segul keema tõusta. Eemaldage kuumusest.
e) Sega vispliga jahu, lahustuv kohv ja kaneel. Vahusta tugevalt 20-30 sekundit, kuni segu on ühtlane ja tõmbub panni servast eemale.
f) Tõsta pann puulusikaga pidevalt segades tagasi tulele. Küpseta 30-60 sekundit, kuni pasta moodustab väga ühtlase palli. Tõsta pasta suurde kaussi.
g) Valage reserveeritud 1/2 tassi lahtiklopitud munad pastale ja klopige tugevalt puulusikaga 45-60 sekundit, kuni segu

moodustab ühtlase pehme taigna. Tainas peaks lusikaga kühveldades säilitama oma kuju, kuid olema piisavalt pehme, et kallutades lusikalt aeglaselt maha libiseda.

h) Täitke 5/16-tollise tavalise otsaga kondiitritoodete kott ekleeritainaga. Toruge ettevalmistatud küpsetusplaatidele umbes 1/2 tolli laiused 5-tollised ribad, jättes ekleeride vahele umbes 1 1/2 tolli.
i) Pintselda ekleeride pealsed kergelt ülejäänud lahtiklopitud munaga.
j) Küpseta ekleere 10 minutit, seejärel alandage ahju temperatuuri 375 kraadini F. Jätkake küpsetamist 20–25 minutit, kuni need on krõbedad. Tõsta ekleerid restile ja jahuta täielikult.

MASCARPONE TÄIDIS:

k) Vahusta suures kausis mascarpone juust, koor, suhkur ühtlaseks massiks.
l) Sega juurde rumm.

GLASE:

m) Segage väikeses kausis kondiitrite suhkur paksu koorega. Sega ühtlaseks.

KOKKU KOKKUVÕTKE JA GLASUURIGE:

n) Lõika ekleerid pooleks ja eemalda niiske tainas.
o) Täida iga ekleer umbes kolme supilusikatäie mascarpone täidisega.
p) Asendage iga ekleeri ülaosa.
q) Määri glasuur iga ekleeri ülaosale.
r) Puista üle sõelutud kakaopulbriga ja soovi korral kaunista vahukoorega.

79. Mocha Eclairs

KOOSTISOSAD:
CHOUX KÜPSETIS:
- 1 Choux küpsetis

KOHVIKREEMI PATISSIERE:
- 2 tl vaniljeekstrakti
- 500 ml piima
- 120 g Suhkur
- 50 g tavalist jahu
- 120 g munakollast (umbes 6 muna)
- 60 ml espressot
- 10 g lahustuvat kohvi

ŠOKOLAADI CRAQUELIN:
- 80 g tavalist jahu
- 10 g kakaopulbrit
- 90 g tuhksuhkrut
- 75 g soolamata võid (kuubikutena)

ŠOKOLAADI KRISTUS:
- 500 g Fondant tuhksuhkrut
- 50 g tumedat šokolaadi (sulatatud)
- Vesi

KAUNISTAMA:
- Kohvioad
- Kakao nibid

JUHISED:
CHOUX KÜPSETIS:
a) Kuumuta ahi 200°C (ventilaator 180°C) ja vooderda küpsetusplaat küpsetuspaberiga.
b) Valmistage choux saiake oma lemmikretsepti järgi või kasutage soovi korral poest ostetud saia.
c) Vormige choux tainas ettevalmistatud alusele éclair-kujulisteks vormideks. Küpseta kuldpruuniks ja paisunud. Lase jahtuda.

KOHVIKREEMI PATISSIERE:
d) Sega kastrulis piim, suhkur, vaniljeekstrakt, tavaline jahu ja lahustuv kohv. Vahusta ühtlaseks.
e) Kuumuta segu keskmisel kuumusel pidevalt segades, kuni see pakseneb.

f) Klopi eraldi kausis lahti munakollased. Lisa pidevalt vahustades munakollastele vähehaaval kulbitäis kuuma piimasegu.
g) Vala munakollasesegu tagasi kastrulisse ja jätka keetmist, kuni kreem on paks.
h) Tõsta tulelt ja sega juurde espresso. Lase jahtuda.

ŠOKOLAADI CRAQUELIN:
i) Sega kausis tavaline jahu, kakaopulber, tuhksuhkur ja kuubikuteks lõigatud soolata või, kuni moodustub tainas.
j) Rulli tainas kahe küpsetuspaberi vahel soovitud paksuseks.
k) Jahutage tainas külmkapis kuni tahkeks. Kui see on kõva, lõigake välja ümmargused, et asetada need ekleeride peale.

ŠOKOLAADI KRISTUS:
l) Sulata tume šokolaad ja lase veidi jahtuda.
m) Sega kausis fondant-tuhksuhkur ja sulašokolaad. Lisage vett järk-järgult, kuni saavutate ühtlase, valatava konsistentsi.

KOOSTAMINE:
n) Lõika jahtunud ekleerid horisontaalselt pooleks.
o) Täitke torukott kohvikreemiga kondiitritoodetega ja torgake see iga eclaari alumisele poolele.
p) Aseta šokolaadi-kraquelin kreemi kondiitritoodete peale.
q) Kastke iga ékleeri ülaosa šokolaadiglasuuriga, laske üleliigsel maha tilkuda.
r) Lase šokolaadiglasuuril taheneda.
s) Kaunista kohviubade ja kakaotükkidega.

80. Espresso Bean Crunch Éclairs

KOOSTISOSAD:
CHOUX SAIA JAOKS:
- 1 tass vett
- 1/2 tassi soolamata võid
- 1 tass universaalset jahu
- 4 suurt muna

TÄIDISEKS:
- 2 tassi kohvimaitselist saiakreemi

ESPRESSO UBADE KÕRGE KÕRGE KASUTAMISEKS:
- 1/2 tassi šokolaadiga kaetud espressoube, peeneks hakitud

KOHVIGLASUURI KOHTA:
- 1/2 tassi tumedat šokolaadi, tükeldatud
- 1/4 tassi soolamata võid
- 1 tass tuhksuhkrut
- 1-2 spl keedetud kanget kohvi või espressot

JUHISED:
CHOUX KÜPSETIS:
a) Kuumuta ahi temperatuurini 375 °F (190 °C) ja vooderda küpsetusplaat küpsetuspaberiga.
b) Sega kastrulis vesi ja või. Kuumuta keskmisel kuumusel, kuni või sulab ja segu keeb.
c) Eemaldage tulelt, lisage jahu ja segage intensiivselt, kuni segu moodustab palli.
d) Lase tainal mõni minut jahtuda, seejärel lisa ükshaaval munad, iga lisamise järel korralikult kloppides.
e) Tõsta tainas torukotti ja piibu ekleerid ettevalmistatud küpsetusplaadile.
f) Küpseta umbes 30 minutit või kuni kuldpruunini. Lase jahtuda.

TÄITMINE:
g) Valmista kohvimaitseline kondiitrikreem. Lisa klassikalisele kondiitrikreemi retseptile kohv või espresso või kasuta eelnevalt valmistatud kohvimaitselist kondiitrikreemi.
h) Täida ekleerid kohvimaitselise kondiitrikreemiga, kasutades torukotti või väikest lusikat.
i) Espresso ubade krõmpsuv kate:
j) Haki šokolaadiga kaetud espressooad peeneks.

k) Puista tükeldatud espressooad rikkalikult täidetud ekleeridele, tagades ühtlase katvuse.

KOHVIGLAASU:

l) Sulata kuumakindlas kausis topeltkatla kohal tume šokolaad ja või.
m) Eemaldage tulelt, lisage tuhksuhkur ja segage järk-järgult keedetud kange kohv või espresso ühtlaseks massiks.
n) Kastke iga ékleeri ülaosa kohviglasuuri sisse, tagades ühtlase katvuse. Laske üleliigsel maha tilkuda.
o) Aseta glasuuritud ekleerid alusele ja lase jahtuda, kuni šokolaad on tahenenud.
p) Serveerige jahutatult ja nautige kohvi maitse ja krõmpsuva espressooa kattega Espresso Bean Crunch Éclairsis!

81. Iiri kohv Éclairs

KOOSTISOSAD:
CHOUX SAIA JAOKS:
- 1 tass vett
- 1/2 tassi soolamata võid
- 1 tass universaalset jahu
- 4 suurt muna

TÄIDISEKS:
- 2 tassi Iiri kohvimaitselist saiakreemi
- (Kombineerige kohv, Iiri koor ja veidi viskit klassikalises kondiitrikreemi retseptis või kasutage eelnevalt valmistatud Iiri kohvimaitselist saiakreemi.)

IIRIMAA KOHVIGLASUURI JUURDE:
- 1/2 tassi valget šokolaadi, tükeldatud
- 1/4 tassi soolamata võid
- 1 tass tuhksuhkrut
- 1-2 spl Iiri koort

JUHISED:
CHOUX KÜPSETIS:
a) Kuumuta ahi temperatuurini 375 °F (190 °C) ja vooderda küpsetusplaat küpsetuspaberiga.
b) Sega kastrulis vesi ja või. Kuumuta keskmisel kuumusel, kuni või sulab ja segu keeb.
c) Eemaldage tulelt, lisage jahu ja segage intensiivselt, kuni segu moodustab palli.
d) Lase tainal mõni minut jahtuda, seejärel lisa ükshaaval munad, iga lisamise järel korralikult kloppides.
e) Tõsta tainas torukotti ja piibu ekleerid ettevalmistatud küpsetusplaadile.
f) Küpseta umbes 30 minutit või kuni kuldpruunini. Lase jahtuda.

TÄITMINE:
g) Valmista Iiri kohvimaitseline saiakreem. Kombineerige kohv, Iiri koor ja veidi viskit klassikalises kondiitrikreemi retseptis või kasutage eelnevalt valmistatud Iiri kohvimaitselist saiakreemi.
h) Täida ekleerid Iiri kohvimaitselise kondiitrikreemiga, kasutades torukotti või väikest lusikat.

Iiri kohviglasuur:
i) Kuumakindlas kausis sulata šokolaad ja või topeltkatla kohal.
j) Tõsta tulelt, lisa tuhksuhkur ja sega järk-järgult Iiri koorega ühtlaseks massiks.
k) Kastke iga ékleeri ülaosa Iiri kohviglasuuri sisse, tagades ühtlase katvuse. Laske üleliigsel maha tilkuda.
l) Aseta glasuuritud ekleerid alusele ja lase jahtuda, kuni šokolaad on tahenenud.
m) Serveeri jahutatult ning naudi Irish Coffee Éclairs'i rikkalikku ja mõnusat maitset!

82. Vanilla Latte Éclairs

KOOSTISOSAD:
CHOUX SAIA JAOKS:
- 1 tass vett
- 1/2 tassi soolamata võid
- 1 tass universaalset jahu
- 4 suurt muna

TÄIDISEKS:
- 2 tassi vanilje-latte-maitselist saiakreemi
- (Klassikalises kondiitrikreemi retseptis kombineerige vaniljeekstrakt ja kange kohv või espresso või kasutage eelnevalt valmistatud vanilje-latte-maitselist saiakreemi.)

KOHVIGLASUURI KOHTA:
- 1/2 tassi tumedat šokolaadi, tükeldatud
- 1/4 tassi soolamata võid
- 1 tass tuhksuhkrut
- 1-2 spl keedetud kanget kohvi või espressot

JUHISED:
CHOUX KÜPSETIS:
a) Kuumuta ahi temperatuurini 375 °F (190 °C) ja vooderda küpsetusplaat küpsetuspaberiga.
b) Sega kastrulis vesi ja või. Kuumuta keskmisel kuumusel, kuni või sulab ja segu keeb.
c) Eemaldage tulelt, lisage jahu ja segage intensiivselt, kuni segu moodustab palli.
d) Lase tainal mõni minut jahtuda, seejärel lisa ükshaaval munad, iga lisamise järel korralikult kloppides.
e) Tõsta tainas torukotti ja piibu ekleerid ettevalmistatud küpsetusplaadile.
f) Küpseta umbes 30 minutit või kuni kuldpruunini. Lase jahtuda.

TÄITMINE:
g) Valmista vanilje-latte-maitseline saiakreem. Kombineeri vaniljeekstrakt ja kange kohv või espresso klassikalises kondiitrikreemi retseptis või kasuta eelnevalt valmistatud vanilje-latte-maitselist kondiitrikreemi.
h) Täida ekleerid kotti või väikest lusikat kasutades vanilje-latte-maitselise kondiitrikreemiga.

KOHVIGLAASU:

i) Sulata kuumakindlas kausis topeltkatla kohal tume šokolaad ja või.

j) Eemaldage tulelt, lisage tuhksuhkur ja segage järk-järgult keedetud kange kohv või espresso ühtlaseks massiks.

k) Kastke iga ékleeri ülaosa kohviglasuuri sisse, tagades ühtlase katvuse. Laske üleliigsel maha tilkuda.

l) Aseta glasuuritud ekleerid alusele ja lase jahtuda, kuni šokolaad on tahenenud.

m) Serveeri jahutatult ning naudi harmoonilist vanilli ja kohvi maitsete segu Vanilla Latte Éclairsis!

83. Karamell Macchiato Éclairs

KOOSTISOSAD:
CHOUX SAIA JAOKS:
- 1 tass vett
- 1/2 tassi soolamata võid
- 1 tass universaalset jahu
- 4 suurt muna

TÄIDISEKS:
- 2 tassi karamell-macchiato-maitselist saiakreemi
- (Kombineerige karamellikaste ja kange kohv või espresso klassikalises kondiitrikreemi retseptis või kasutage eelnevalt valmistatud karamell-macchiato-maitselist kondiitrikreemi.)

KARAMELLGLASUURI PUHUL:
- 1/2 tassi karamellkastet
- 1/4 tassi soolamata võid
- 1 tass tuhksuhkrut
- 1-2 spl keedetud kanget kohvi või espressot

JUHISED:
CHOUX KÜPSETIS:
a) Kuumuta ahi temperatuurini 375 °F (190 °C) ja vooderda küpsetusplaat küpsetuspaberiga.
b) Sega kastrulis vesi ja või. Kuumuta keskmisel kuumusel, kuni või sulab ja segu keeb.
c) Eemaldage tulelt, lisage jahu ja segage intensiivselt, kuni segu moodustab palli.
d) Lase tainal mõni minut jahtuda, seejärel lisa ükshaaval munad, iga lisamise järel korralikult kloppides.
e) Tõsta tainas torukotti ja piibu ekleerid ettevalmistatud küpsetusplaadile.
f) Küpseta umbes 30 minutit või kuni kuldpruunini. Lase jahtuda.

TÄITMINE:
g) Valmista karamellmacchiato maitseline kondiitrikreem. Kombineerige karamellikaste ja kange kohv või espresso klassikalises kondiitrikreemi retseptis või kasutage eelnevalt valmistatud karamellmacchiato-maitselist kondiitrikreemi.
h) Täida ekleerid karamellmacchiato maitselise kondiitrikreemiga, kasutades torukotti või väikest lusikat.

KARAMELLGLAUSE:
i) Sega potis karamellkaste ja või. Kuumuta keskmisel kuumusel, kuni segu on ühtlane.
j) Eemaldage tulelt, lisage tuhksuhkur ja segage järk-järgult keedetud kange kohv või espresso ühtlaseks massiks.
k) Kastke iga ékleeri ülaosa karamellglasuuri sisse, tagades ühtlase katvuse. Laske üleliigsel maha tilkuda.
l) Asetage glasuuritud ekleerid alusele ja laske neil jahtuda, kuni karamell on hangunud.

84. Sarapuupähklikohv Éclairs

KOOSTISOSAD:
CHOUX SAIA JAOKS:
- 1 tass vett
- 1/2 tassi soolamata võid
- 1 tass universaalset jahu
- 4 suurt muna

TÄIDISEKS:
- 2 tassi sarapuupähkli kohvimaitselist saiakreemi
- (Kombineerige sarapuupähkliekstrakt ja kange kohv või espresso klassikalises kondiitrikreemi retseptis või kasutage eelnevalt valmistatud sarapuupähkli kohvimaitselist saiakreemi.)

SARAPUUPÄHKLI KOHVIGLAASI JUURDE:
- 1/2 tassi tumedat šokolaadi, tükeldatud
- 1/4 tassi soolamata võid
- 1 tass tuhksuhkrut
- 1-2 spl keedetud kanget sarapuupähklikohvi või espressot

JUHISED:
CHOUX KÜPSETIS:
a) Kuumuta ahi temperatuurini 375 °F (190 °C) ja vooderda küpsetusplaat küpsetuspaberiga.
b) Sega kastrulis vesi ja või. Kuumuta keskmisel kuumusel, kuni või sulab ja segu keeb.
c) Eemaldage tulelt, lisage jahu ja segage intensiivselt, kuni segu moodustab palli.
d) Lase tainal mõni minut jahtuda, seejärel lisa ükshaaval munad, iga lisamise järel korralikult kloppides.
e) Tõsta tainas torukotti ja piibu ekleerid ettevalmistatud küpsetusplaadile.
f) Küpseta umbes 30 minutit või kuni kuldpruunini. Lase jahtuda.

TÄITMINE:
g) Valmista sarapuupähklikohvimaitseline saiakreem. Kombineeri sarapuupähkli ekstrakt ja kange pruulitud sarapuupähklikohv või espresso klassikalises kondiitrikreemi retseptis või kasuta eelnevalt valmistatud sarapuupähklikohvimaitselist saiakreemi.

h) Täida ekleerid sarapuupähklikohvimaitselise kondiitrikreemiga, kasutades torukotti või väikest lusikat.

SARAPUUPÄHKLI KOHVIGLAAŽ:

i) Sulata kuumakindlas kausis topeltkatla kohal tume šokolaad ja või.
j) Eemaldage tulelt, lisage tuhksuhkur ja segage järk-järgult keedetud kange sarapuupähklikohv või espresso ühtlaseks massiks.
k) Kastke iga ékleeri ülaosa sarapuupähkli kohviglasuuri sisse, tagades ühtlase katvuse. Laske üleliigsel maha tilkuda.
l) Aseta glasuuritud ekleerid alusele ja lase jahtuda, kuni šokolaad on tahenenud.
m) Serveeri jahutatult ning naudi sarapuupähklite ja kohvi maitsete rikkalikku kombinatsiooni Hazelnut Coffee Éclairsis!

JUUSTUD ECLAIRS

85.Mustika juustukook Éclair

KOOSTISOSAD:
CHOUX SAIA JAOKS:
- 1 tass vett
- 1/2 tassi soolamata võid
- 1 tass universaalset jahu
- 4 suurt muna

JUUSTUSTOOGI TÄIDISEKS:
- 2 tassi toorjuustu, pehmendatud
- 1 tass tuhksuhkrut
- 1 tl vaniljeekstrakti
- 1 tass mustikakompotti (omatehtud või poest ostetud)

MUSIKAGLASUURI JUURDE:
- 1 tass värskeid mustikaid
- 1/4 tassi granuleeritud suhkrut
- 1 spl sidrunimahla

JUHISED:
CHOUX KÜPSETIS:
a) Kuumuta ahi temperatuurini 375 °F (190 °C) ja vooderda küpsetusplaat küpsetuspaberiga.
b) Sega kastrulis vesi ja või. Kuumuta keskmisel kuumusel, kuni või sulab ja segu keeb.
c) Eemaldage tulelt, lisage jahu ja segage intensiivselt, kuni segu moodustab palli.
d) Lase tainal mõni minut jahtuda, seejärel lisa ükshaaval munad, iga lisamise järel korralikult kloppides.
e) Tõsta tainas torukotti ja toru éclair vormid ettevalmistatud küpsetusplaadile.
f) Küpseta umbes 30 minutit või kuni kuldpruunini. Lase jahtuda.

JUUSTUSTOOGI TÄIDIS:
g) Vahusta segamisnõus pehme toorjuust ühtlaseks massiks.
h) Lisa tuhksuhkur ja vaniljeekstrakt ning jätka vahustamist, kuni see on hästi segunenud.
i) Täida torukott juustukoogi täidisega.
j) Kui ekleerid on jahtunud, tehke iga ékleeri ühele küljele väike sisselõige ja sisestage juustukoogi täidis keskele.
k) Tõsta juustukoogitäidisele peale lusikaga mustikakompott.

MUSTIKAGLASE:

l) Sega potis värsked mustikad, granuleeritud suhkur ja sidrunimahl.
m) Keeda keskmisel kuumusel, kuni mustikad lõhkevad ja segu pakseneb glasuuriks.
n) Kurna glasuur, et eemaldada seemned ja kestad.
o) Lase mustikaglasuuril veidi jahtuda.
p) Lusikatäis mustikaglasuuriga täidetud ekleerid.
q) Aseta glasuuritud ekleerid külmkappi, et glasuur hanguks.
r) Serveeri jahutatult ning naudi maitsvat mustika-juustukoogi kombinatsiooni Blueberry Cheesecake Éclairis!

86. Gouda glasuuritud ekleerid

KOOSTISOSAD:
- 1 tass vett
- 1/2 tassi soolamata võid
- 1 tass universaalset jahu
- 4 suurt muna
- 1/2 teelusikatäit soola
- 1 tass riivitud Gouda juustu

TÄIDISEKS:
- 2 tassi toorjuustu
- 1/2 tassi tuhksuhkrut
- 1 tl vaniljeekstrakti

GLASUURI KOHTA:
- 1 tass Gouda juustu, hakitud
- 1/2 tassi rasket koort
- 1 tass tuhksuhkrut
- 1 tl vaniljeekstrakti

JUHISED:
ECLAIR küpsetis:

a) Kuumuta ahi temperatuurini 400 °F (200 °C). Vooderda ahjuplaat küpsetuspaberiga.
b) Sega keskmises kastrulis vesi, või ja sool. Kuumuta see keskmisel kuumusel keema.
c) Lisa korraga jahu, sega intensiivselt, kuni segust moodustub pall. Tõsta tulelt ja lase paar minutit jahtuda.
d) Klopi ükshaaval sisse munad, kuni tainas on ühtlane.
e) Sega hulka hakitud Gouda juust, kuni see on hästi segunenud.
f) Tõsta tainas suure ümara otsaga kondiitrikotti. Toruge 4-tollised ribad ettevalmistatud küpsetusplaadile.
g) Küpseta 15-20 minutit või kuni see on kuldpruun ja paisunud. Lase ekleeridel täielikult jahtuda.

TÄITMINE:
h) Vahusta segamisnõus toorjuust, tuhksuhkur ja vaniljeekstrakt ühtlaseks massiks.
i) Kui ekleerid on jahtunud, lõika need horisontaalselt pooleks ning toru või lusikaga toorjuustutäidis alumiste poolte sisse.

GLASE:

j) Segage väikeses kastrulis madalal kuumusel Gouda juust, koor, tuhksuhkur ja vaniljeekstrakt.
k) Sega, kuni juust on sulanud ja glasuur on ühtlane. Eemaldage kuumusest.
l) Nirista glasuur täidetud ekleeridele.
m) Serveeri ja naudi!
n) Gouda Glazed Eclairs on nautimiseks valmis. Serveerige neid jahutatult ja nautige kreemja täidise ja juustu glasuuri meeldivat kombinatsiooni.

87.Raspberry Swirl juustukoogi ekleerid

KOOSTISOSAD:
CHOUX SAIA JAOKS:
- 1 tass vett
- 1/2 tassi soolamata võid
- 1 tass universaalset jahu
- 4 suurt muna
- 1/2 teelusikatäit soola

JUUSTUSTOOGI TÄIDISEKS:
- 2 tassi toorjuustu, pehmendatud
- 1/2 tassi granuleeritud suhkrut
- 1 tl vaniljeekstrakti

VAARIKAKEERISE JUURDE:
- 1 tass värskeid või külmutatud vaarikaid
- 1/4 tassi granuleeritud suhkrut
- 1 spl vett

GLASUURI KOHTA:
- 1 tass tuhksuhkrut
- 2 spl piima
- 1/2 tl vaniljeekstrakti

JUHISED:
CHOUX KÜPSETIS:
a) Kuumuta ahi temperatuurini 400 °F (200 °C). Vooderda ahjuplaat küpsetuspaberiga.
b) Kuumuta keskmisel kuumusel keskmises kastrulis vesi ja või keemiseni.
c) Lisa pidevalt segades jahu ja sool, kuni segu moodustab palli.
d) Tõsta tulelt ja lase paar minutit jahtuda.
e) Klopi ükshaaval sisse munad, kuni tainas on ühtlane.
f) Tõsta tainas suure ümara otsaga kondiitrikotti. Toruge 4-tollised ribad ettevalmistatud küpsetusplaadile.
g) Küpseta 15-20 minutit või kuni see on kuldpruun ja paisunud. Lase ekleeridel täielikult jahtuda.

JUUSTUSTOOGI TÄIDIS:
h) Vahusta segamiskausis toorjuust, suhkur ja vaniljeekstrakt ühtlaseks massiks.

i) Kui ekleerid on jahtunud, lõigake need horisontaalselt pooleks ja toru või lusikaga juustukoogi täidis alumisse poolde.

VAARIKA KEER:

j) Sega väikeses kastrulis vaarikad, suhkur ja vesi. Kuumuta keskmisel kuumusel, kuni vaarikad lagunevad ja segu pakseneb.

k) Kurna vaarikasegu seemnete eemaldamiseks, jättes ühtlase vaarikakastme.

KOOSTAMINE:

l) Tõsta lusikaga vaarikakaste iga ekleeri juustukoogi täidisele.

m) Asetage ekleeride ülemised pooled tagasi.

GLASE:

n) Vahusta väikeses kausis tuhksuhkur, piim ja vaniljeekstrakt ühtlaseks massiks.

o) Nirista glasuur kokku pandud ekleeridele.

p) Jahuta ja serveeri:

q) Hoidke Raspberry Swirl Cheesecake Eclairs enne serveerimist vähemalt tund aega külmkapis. Nautige kreemja juustukoogi, hapuka vaarika keerise ja kerge choux saia mõnusat kombinatsiooni!

88.Šokolaadi-marmorist juustukoogi ekleerid

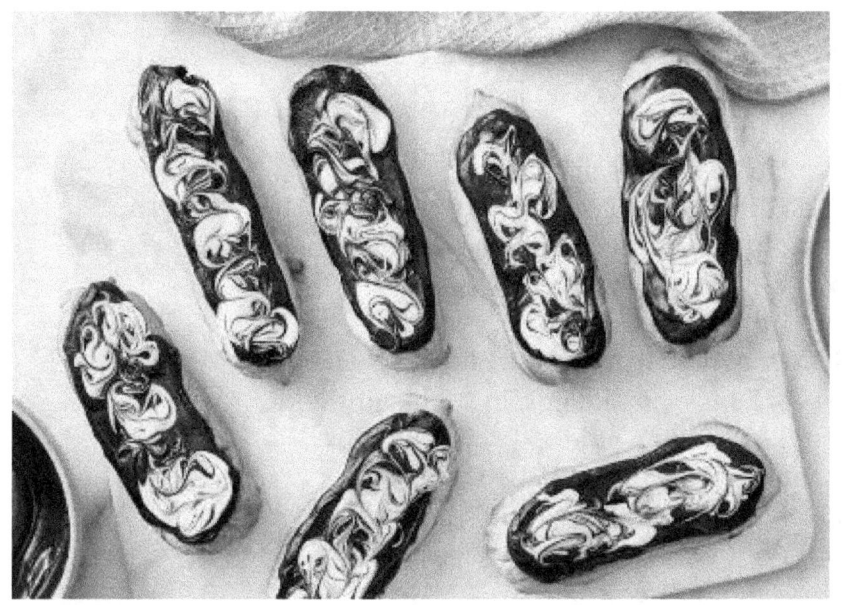

KOOSTISOSAD:
CHOUX SAIA JAOKS:
- 1 tass vett
- 1/2 tassi soolamata võid
- 1 tass universaalset jahu
- 4 suurt muna
- 1/2 teelusikatäit soola

JUUSTUSTOOGI TÄIDISEKS:
- 2 tassi toorjuustu, pehmendatud
- 1/2 tassi granuleeritud suhkrut
- 1 tl vaniljeekstrakti

ŠOKOLAADI MARMORI KEERISE JAOKS:
- 1/2 tassi poolmagusaid šokolaaditükke
- 2 spl soolata võid

ŠOKOLAADI GLAASI JUURDE:
- 1/2 tassi poolmagusaid šokolaaditükke
- 1/4 tassi rasket koort
- 2 spl tuhksuhkrut

JUHISED:
CHOUX KÜPSETIS:
a) Kuumuta ahi temperatuurini 400 °F (200 °C). Vooderda ahjuplaat küpsetuspaberiga.
b) Kuumuta keskmisel kuumusel keskmises kastrulis vesi ja või keemiseni.
c) Lisa pidevalt segades jahu ja sool, kuni segu moodustab palli.
d) Tõsta tulelt ja lase paar minutit jahtuda.
e) Klopi ükshaaval sisse munad, kuni tainas on ühtlane.
f) Tõsta tainas suure ümara otsaga kondiitrikotti. Toruge 4-tollised ribad ettevalmistatud küpsetusplaadile.
g) Küpseta 15-20 minutit või kuni see on kuldpruun ja paisunud. Lase ekleeridel täielikult jahtuda.

JUUSTUSTOOGI TÄIDIS:
h) Vahusta segamiskausis toorjuust, suhkur ja vaniljeekstrakt ühtlaseks massiks.
i) Kui ekleerid on jahtunud, lõigake need horisontaalselt pooleks ja toru või lusikaga juustukoogi täidis alumisse poolde.

ŠOKOLAADI MARMORI KEER:
j) Sulata šokolaaditükid ja või kuumakindlas kausis keeva vee kohal või mikrolaineahjus.
k) Nirista sulatatud šokolaadisegu iga ekleeri juustukoogi täidisele. Kasutage marmorist keerise mustri loomiseks hambaorki.

ŠOKOLAADI GLASE:
l) Kuumuta väikeses potis šokolaaditükid, koor ja tuhksuhkur madalal kuumusel, segades ühtlaseks.
m) Nirista kokku pandud ekleeridele šokolaadiglasuur.
n) Jahuta ja serveeri:
o) Hoia šokolaadimarmorist juustukoogi ekleere külmkapis vähemalt tund enne serveerimist. Nautige kreemja juustukoogi, šokolaadimarmorist keerise ja kerge choux-taigna maitsvat kombinatsiooni!

89. Soolakaramelli juustukoogi ekleer

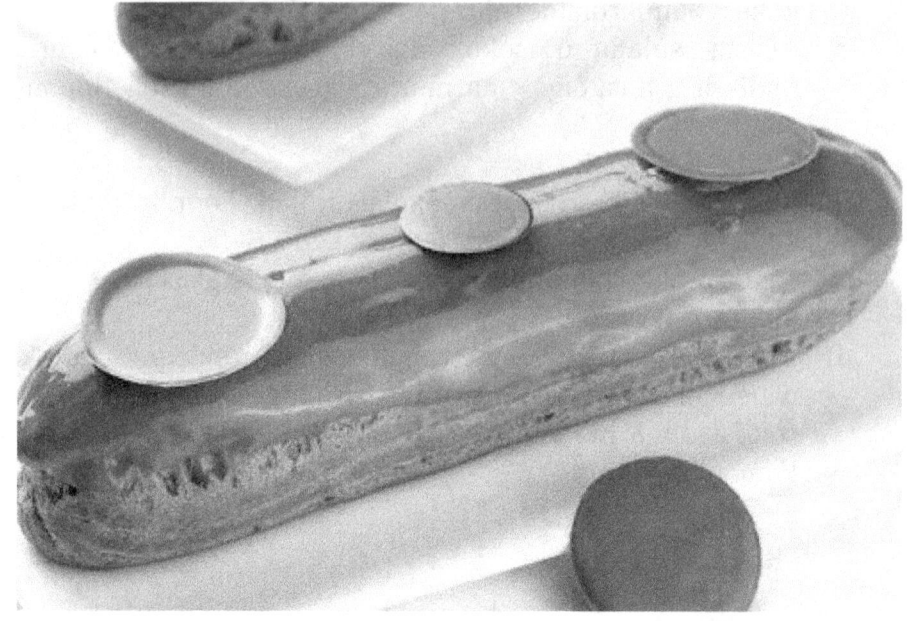

KOOSTISOSAD:
CHOUX SAIA JAOKS:
- 1 tass vett
- 1/2 tassi soolamata võid
- 1 tass universaalset jahu
- 4 suurt muna
- 1/2 teelusikatäit soola

JUUSTUSTOOGI TÄIDISEKS:
- 2 tassi toorjuustu, pehmendatud
- 1/2 tassi granuleeritud suhkrut
- 1 tl vaniljeekstrakti

SOOLA KARAMELLEKASTME JAOKS:
- 1 tass granuleeritud suhkrut
- 1/4 tassi vett
- 1/2 tassi soolamata võid
- 1/2 tassi rasket koort
- 1 tl meresoola

JUHISED:
CHOUX KÜPSETIS:
a) Kuumuta ahi temperatuurini 400 °F (200 °C). Vooderda ahjuplaat küpsetuspaberiga.
b) Kuumuta keskmisel kuumusel keskmises kastrulis vesi ja või keemiseni.
c) Lisa pidevalt segades jahu ja sool, kuni segu moodustab palli.
d) Tõsta tulelt ja lase paar minutit jahtuda.
e) Klopi ükshaaval sisse munad, kuni tainas on ühtlane.
f) Tõsta tainas suure ümara otsaga kondiitrikotti. Toruge 4-tollised ribad ettevalmistatud küpsetusplaadile.
g) Küpseta 15-20 minutit või kuni see on kuldpruun ja paisunud. Lase ekleeridel täielikult jahtuda.

JUUSTUSTOOGI TÄIDIS:
h) Vahusta segamiskausis toorjuust, suhkur ja vaniljeekstrakt ühtlaseks massiks.
i) Kui ekleerid on jahtunud, lõigake need horisontaalselt pooleks ja toru või lusikaga juustukoogi täidis alumisse poolde.

SOOLA KARAMELLKASTE:

j) Sega kastrulis keskmisel kuumusel suhkur ja vesi. Sega, kuni suhkur lahustub.
k) Laske segul keeda, aeg-ajalt keerutades, kuni see muutub merevaigukollaseks.
l) Lisa või ja sega kuni sulamiseni. Pidevalt segades valage aeglaselt juurde raske koor.
m) Tõsta tulelt ja sega hulka meresool. Lase karamellikastmel veidi jahtuda.

KOOSTAMINE:
n) Nirista soolakaramellkastet iga ekleeri juustukoogi täidisele.
o) Asetage ekleeride ülemised pooled tagasi.
p) Hoidke soolakaramelli juustukoogi ekleere enne serveerimist vähemalt tund aega külmkapis. Nautige kreemja juustukoogi, rikkaliku soolakaramelli ja kerge choux-taigna taevalikku kombinatsiooni!

90.Pistaatsia-pralinee-juustukoogi ekleerid

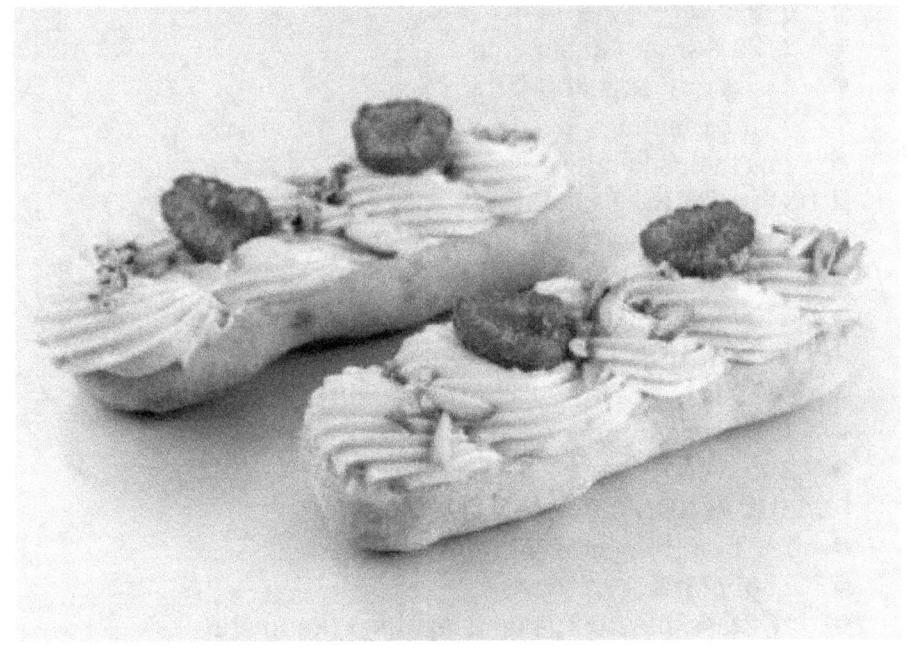

KOOSTISOSAD:
CHOUX SAIA JAOKS:
- 1 tass vett
- 1/2 tassi soolamata võid
- 1 tass universaalset jahu
- 4 suurt muna
- 1/2 teelusikatäit soola

JUUSTUSTOOGI TÄIDISEKS:
- 2 tassi toorjuustu, pehmendatud
- 1/2 tassi granuleeritud suhkrut
- 1 tl vaniljeekstrakti

PISTAATSIAPRALINE KOHTA:
- 1/2 tassi kooritud pistaatsiapähklit, peeneks hakitud
- 1/2 tassi granuleeritud suhkrut
- 2 spl vett

GLASUURI KOHTA:
- 1/2 tassi tuhksuhkrut
- 2 spl piima
- 1/4 tassi hakitud pistaatsiapähkel (kaunistuseks)

JUHISED:
CHOUX KÜPSETIS:
a) Kuumuta ahi temperatuurini 400 °F (200 °C). Vooderda ahjuplaat küpsetuspaberiga.
b) Kuumuta keskmisel kuumusel keskmises kastrulis vesi ja või keemiseni.
c) Lisa pidevalt segades jahu ja sool, kuni segu moodustab palli.
d) Tõsta tulelt ja lase paar minutit jahtuda.
e) Klopi ükshaaval sisse munad, kuni tainas on ühtlane.
f) Tõsta tainas suure ümara otsaga kondiitrikotti. Toruge 4-tollised ribad ettevalmistatud küpsetusplaadile.
g) Küpseta 15-20 minutit või kuni see on kuldpruun ja paisunud. Lase ekleeridel täielikult jahtuda.

JUUSTUSTOOGI TÄIDIS:
h) Vahusta segamiskausis toorjuust, suhkur ja vaniljeekstrakt ühtlaseks massiks.

i) Kui ekleerid on jahtunud, lõigake need horisontaalselt pooleks ja toru või lusikaga juustukoogi täidis alumisse poolde.

PISTAATSIAPRALINE:

j) Sega kastrulis keskmisel kuumusel suhkur ja vesi. Sega, kuni suhkur lahustub.
k) Laske segul keeda, aeg-ajalt segades, kuni see muutub kuldpruuniks.
l) Sega hulka peeneks hakitud pistaatsiapähklid, seejärel kalla pistaatsiapralinee kohe pärgamendiga vooderdatud pinnale jahtuma ja tahenema.
m) Pärast jahtumist purustage pralinee väikesteks tükkideks.

KOOSTAMINE:

n) Puista pistaatsiapralineetükid iga ekleeri juustukoogi täidisele.
o) Asetage ekleeride ülemised pooled tagasi.

GLASE:

p) Vahusta väikeses kausis tuhksuhkur ja piim ühtlaseks massiks.
q) Nirista glasuur kokku pandud ekleeridele.

GARNEERING:

r) Puista peale hakitud pistaatsiapähklid, et pistaatsia pistaatsia pähkel oleks rohkem.
s) Hoidke Pistaatsia Praline juustukoogi ekleerid külmkapis vähemalt tund enne serveerimist. Nautige kreemja juustukoogi, pistaatsiapralinee ja kerge choux saia mõnusat kombinatsiooni!

91. Kookoskoore-juustukoogi ekleerid

KOOSTISOSAD:
CHOUX SAIA JAOKS:
- 1 tass vett
- 1/2 tassi soolamata võid
- 1 tass universaalset jahu
- 4 suurt muna
- 1/2 teelusikatäit soola

JUUSTUSTOOGI TÄIDISEKS:
- 2 tassi toorjuustu, pehmendatud
- 1/2 tassi granuleeritud suhkrut
- 1 tl vaniljeekstrakti

KOOKOSKREEMI TÄIDISEKS:
- 1 tass kookoskoort
- 1/4 tassi tuhksuhkrut
- 1/2 tl kookospähkli ekstrakti

KOOKOSPÄHKLI KATTE JAOKS:
- 1 tass hakitud kookospähklit, röstitud

JUHISED:
CHOUX KÜPSETIS:
a) Kuumuta ahi temperatuurini 400 °F (200 °C). Vooderda ahjuplaat küpsetuspaberiga.
b) Kuumuta keskmisel kuumusel keskmises kastrulis vesi ja või keemiseni.
c) Lisa pidevalt segades jahu ja sool, kuni segu moodustab palli.
d) Tõsta tulelt ja lase paar minutit jahtuda.
e) Klopi ükshaaval sisse munad, kuni tainas on ühtlane.
f) Tõsta tainas suure ümara otsaga kondiitrikotti. Toruge 4-tollised ribad ettevalmistatud küpsetusplaadile.
g) Küpseta 15-20 minutit või kuni see on kuldpruun ja paisunud. Lase ekleeridel täielikult jahtuda.

JUUSTUSTOOGI TÄIDIS:
h) Vahusta segamiskausis toorjuust, suhkur ja vaniljeekstrakt ühtlaseks massiks.
i) Kui ekleerid on jahtunud, lõigake need horisontaalselt pooleks ja toru või lusikaga juustukoogi täidis alumisse poolde.

KOOKOSKREEMI TÄIDIS:

j) Vahusta eraldi kausis kookoskoor, tuhksuhkur ja kookosekstrakt, kuni moodustuvad pehmed tipud.
k) Sega kookoskooresegu õrnalt juustukoogi täidisesse.

KOOSTAMINE:
l) Torka või lusikaga kookoselisandiga juustukoogi täidis ekleeride alumisse poolde.
m) Asetage ekleeride ülemised pooled tagasi.

KOOKOSEKATTE:
n) Rösti hakitud kookospähkel kuival pannil keskmisel kuumusel kuldpruuniks.
o) Puista röstitud hakitud kookospähkel täidetud ekleeridele, et saada mõnus kookospähkli krõmps.
p) Enne serveerimist hoia kookoskoore-juustukoogi ekleerid külmkapis vähemalt tund aega. Nautige kookose troopilisi maitseid koos kreemja juustukoogi ja kerge choux-taignaga!

92. Maasika-juustukoogi ekleerid

KOOSTISOSAD:
CHOUX SAIA JAOKS:
- 1 tass vett
- 1/2 tassi soolamata võid
- 1 tass universaalset jahu
- 4 suurt muna
- 1/2 teelusikatäit soola

JUUSTUSTOOGI TÄIDISEKS:
- 2 tassi toorjuustu, pehmendatud
- 1/2 tassi granuleeritud suhkrut
- 1 tl vaniljeekstrakti

MAASIKATÄIDISEKS:
- 1 tass värskeid maasikaid, kooritud ja tükeldatud
- 2 supilusikatäit granuleeritud suhkrut

MAASIKAGLASUURI JAOKS:
- 1 tass värskeid maasikaid, kooritud ja püreestatud
- 1/4 tassi tuhksuhkrut

JUHISED:
CHOUX KÜPSETIS:
a) Kuumuta ahi temperatuurini 400 °F (200 °C). Vooderda ahjuplaat küpsetuspaberiga.
b) Kuumuta keskmisel kuumusel keskmises kastrulis vesi ja või keemiseni.
c) Lisa pidevalt segades jahu ja sool, kuni segu moodustab palli.
d) Tõsta tulelt ja lase paar minutit jahtuda.
e) Klopi ükshaaval sisse munad, kuni tainas on ühtlane.
f) Tõsta tainas suure ümara otsaga kondiitrikotti. Toruge 4-tollised ribad ettevalmistatud küpsetusplaadile.
g) Küpseta 15-20 minutit või kuni see on kuldpruun ja paisunud. Lase ekleeridel täielikult jahtuda.

JUUSTUSTOOGI TÄIDIS:
h) Vahusta segamiskausis toorjuust, suhkur ja vaniljeekstrakt ühtlaseks massiks.
i) Kui ekleerid on jahtunud, lõigake need horisontaalselt pooleks ja toru või lusikaga juustukoogi täidis alumisse poolde.

MAASIKATÄIDIS:
j) Sega eraldi kausis tükeldatud maasikad ja granuleeritud suhkur.
k) Laske neil umbes 15 minutit leotada.

KOOSTAMINE:
l) Tõsta lusikaga leotatud maasikasegu iga ekleeri juustukoogi täidisele.
m) Asetage ekleeride ülemised pooled tagasi.

Maasikaglasuur:
n) Püreesta värsked maasikad ja sega tuhksuhkruga ühtlaseks glasuuriks.
o) Nirista kokkupandud ekleeridele maasikaglasuur.
p) Enne serveerimist hoia maasika-juustukoogi ekleerid vähemalt tund aega külmkapis. Nautige kreemja juustukoogi, magusate maasikate ja kerge choux-taigna imalat kombinatsiooni!

93.Sidrunijuustukoogi ekleerid

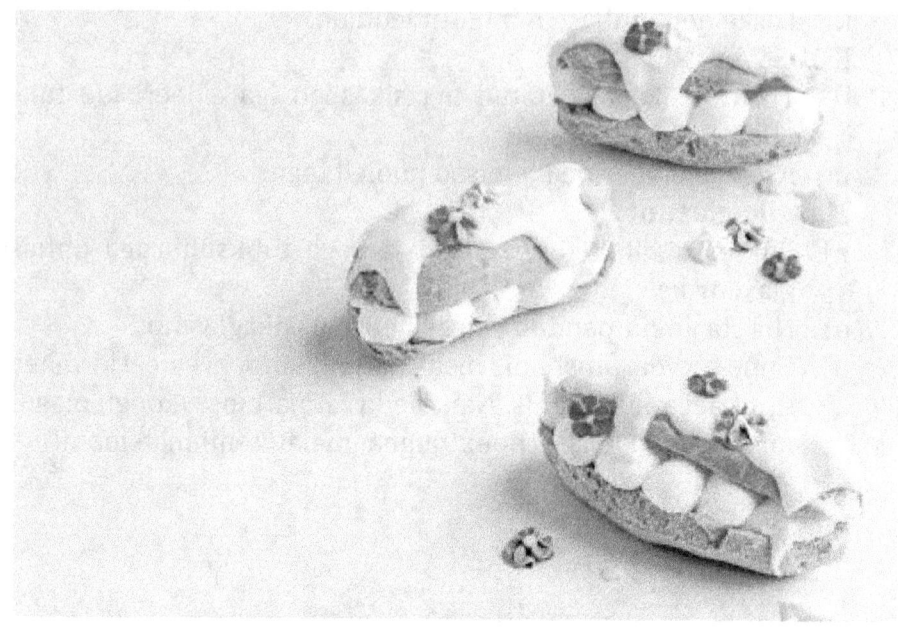

KOOSTISOSAD:
CHOUX SAIA JAOKS:
- 1 tass vett
- 1/2 tassi soolamata võid
- 1 tass universaalset jahu
- 4 suurt muna
- 1/2 teelusikatäit soola

SIDRUNIJUUSTOTOOGI TÄIDISEKS:
- 2 tassi toorjuustu, pehmendatud
- 1/2 tassi granuleeritud suhkrut
- 2 sidruni koor
- 1 spl sidrunimahla
- 1 tl vaniljeekstrakti

SIDrunglasuuri jaoks:
- 1 tass tuhksuhkrut
- 2 spl sidrunimahla
- 1 sidruni koor

JUHISED:
CHOUX KÜPSETIS:
a) Kuumuta ahi temperatuurini 400 °F (200 °C). Vooderda ahjuplaat küpsetuspaberiga.
b) Kuumuta keskmisel kuumusel keskmises kastrulis vesi ja või keemiseni.
c) Lisa pidevalt segades jahu ja sool, kuni segu moodustab palli.
d) Tõsta tulelt ja lase paar minutit jahtuda.
e) Klopi ükshaaval sisse munad, kuni tainas on ühtlane.
f) Tõsta tainas suure ümara otsaga kondiitrikotti. Toruge 4-tollised ribad ettevalmistatud küpsetusplaadile.
g) Küpseta 15-20 minutit või kuni see on kuldpruun ja paisunud. Lase ekleeridel täielikult jahtuda.

SIDRUNIJUUSTUKOOGI TÄIDIS:
h) Vahusta segamisnõus toorjuust, suhkur, sidrunikoor, sidrunimahl ja vaniljeekstrakt ühtlaseks massiks.
i) Kui ekleerid on jahtunud, lõigake need horisontaalselt pooleks ja toru või lusikaga sidruni-juustukoogi täidis alumisele poolele.

sidrunglasuur:
j) Vahusta väikeses kausis tuhksuhkur, sidrunimahl ja sidrunikoor ühtlaseks massiks.
k) Nirista sidruniglasuuri kokkupandud ekleeridele.
l) Hoia sidrunijuustukoogi ekleerid enne serveerimist vähemalt tund aega külmkapis. Naudi kreemja sidrunijuustukoogi ja kerge choux-taigna värskendavat kombinatsiooni!

ECLAIR'I INSPPIREERITUD RETSEPTID

94. Banaani ekleeri croissant

KOOSTISOSAD:
- 4 Külmutatud sarvesaiad
- 2 ruutu poolmagus šokolaad
- 1 spl Võid
- ¼ tassi sõelutud kondiitri suhkrut
- 1 tl kuuma vett; kuni 2
- 1 tass vaniljepudingut
- 2 keskmist banaani; viilutatud

JUHISED:
a) Lõika külmutatud sarvesaiad pikuti pooleks; lahku koos. Kuumuta külmutatud sarvesaiad rasvata küpsetusplaadil eelkuumutatud temperatuuril 325 °F. ahjus 9-11 minutit.
b) Sulata šokolaad ja või koos. Määritava glasuuri saamiseks sega juurde suhkur ja vesi.
c) Määri igale sarvesaia alumisele poolele ¼ tassi pudingut. Kõige peale tõsta viilutatud banaanid.
d) Asendage sarvesaia pealsed; nirista peale šokolaadiglasuur.
e) Serveeri.

95.Cream Puffs ja Éclairs Ring Cake

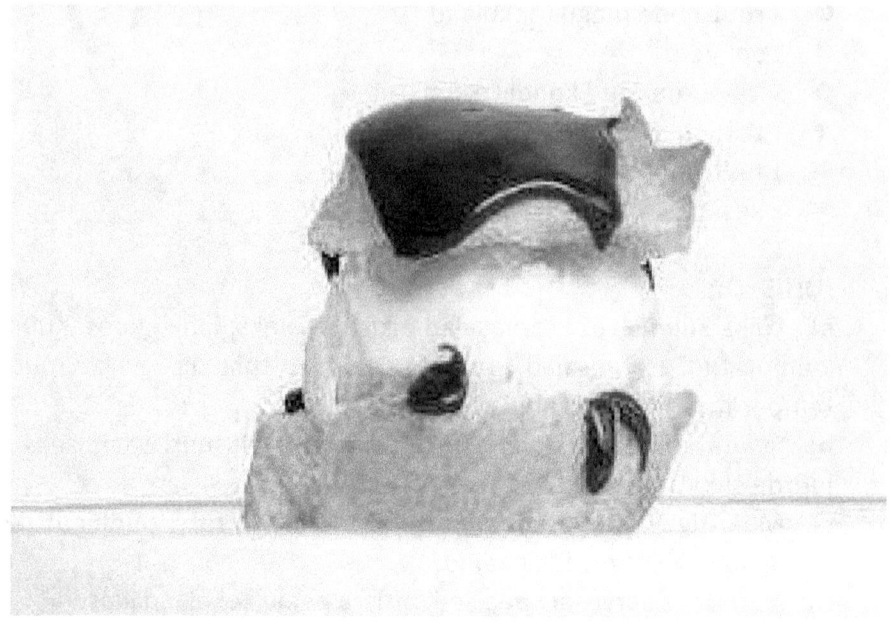

KOOSTISOSAD:

- 1 tass leiget vett
- 4 supilusikatäit (½ pulka) soolamata võid, tükkideks lõigatud
- 1 tass pleegitamata universaaljahu või gluteenivaba jahu
- 4 suurt muna, toatemperatuuril
- Soolane vanilje külmutatud vanillikaste või soolane kitsepiima-šokolaadi külmutatud vanillikaste
- Šokolaadiglasuur (kasutage 4 spl täispiima)

JUHISED:

a) Kuumuta ahi 400 °F-ni.
b) Segage vesi ja või keskmises paksus kastrulis ning kuumutage või sulatamiseks segades keemiseni. Vala kogu jahu ja sega, kuni segu moodustab palli.
c) Tõsta tulelt ja klopi ükshaaval elektrimikseriga sisse munad.

KREEMIPOHUTSEKS

d) Tõsta lusikaga kuus 4-tollist üksikut taignahunnikut määrimata küpsiseplaadile (väiksemate pahvakute jaoks tehke kaksteist 2-tollist küngast). Küpseta kuni kuldpruunini, umbes 45 minutit. Võta ahjust välja ja lase jahtuda.

ÉCLAIRSIL

e) Paigaldage ¼-tollise tavalise otsaga kondiitritoodete kott, seejärel toruke kuus kuni kaksteist 4-tollist riba määrimata küpsiseplaadile. Küpseta kuni kuldpruunini, umbes 45 minutit. Võta ahjust välja ja lase jahtuda.

SÕRMUSTOOGIKS

f) 12-tollise ovaalse vormi saamiseks kukuta ühtlased lusikatäied tainast määrimata küpsiseplaadile. Küpseta kuni kuldpruunini, 45 kuni 50 minutit. Võta ahjust välja ja lase jahtuda.

KOOSTAMA

g) Valmista glasuur. Lõika kreemipahvak, ekleer või rõngaskook pooleks. Täida jäätisega ja pane peal(ed) uuesti peale.
h) Kreemipahmakate jaoks kasta iga ampsu ülaosa šokolaadi sisse. Ekleeride puhul määri neile heldelt lusikaga glasuuri. Rõngaskoogi jaoks sega glasuuri hulka veel 5 spl piima; nirista see rõngaskoogile.
i) Serveerimiseks laota saiakesed või koogiviilud taldrikutele.

96.Šokolaadi mandel Croissant Éclairs

KOOSTISOSAD:
PÂTE À CHOUXI KOHTA:
- 1/2 tassi vett
- 1/2 tassi täispiima
- 1/2 tassi soolamata võid, kuubikuteks
- 1/2 teelusikatäit soola
- 1 tl suhkrut
- 1 tass universaalset jahu
- 4 suurt muna, toasoe

ŠOKOLAADI-MANDLI TÄIDISEKS:
- 1 tass rasket koort
- 1 tass poolmagusaid šokolaaditükke
- 1/2 tassi mandlivõid

ŠOKOLAADI GLAASI JUURDE:
- 1/2 tassi poolmagusaid šokolaaditükke
- 2 spl soolata võid
- 1 supilusikatäis maisisiirupit

JUHISED
a) Kuumuta ahi temperatuurini 375 ° F. Vooderda ahjuplaat küpsetuspaberiga.
b) Sega keskmises kastrulis vesi, piim, või, sool ja suhkur. Kuumuta keskmisel kuumusel, kuni või on sulanud ja segu keeb.
c) Lisa korraga jahu ja sega puulusikaga intensiivselt, kuni segu moodustab palli ja tõmbub panni külgedelt eemale.
d) Tõsta pann tulelt ja lase 5 minutit jahtuda.
e) Lisa ükshaaval munad, pärast iga lisamist korralikult kloppides, kuni segu on ühtlane ja läikiv.
f) Paigaldage suure ümmarguse otsaga kondiitritoodete kott ja täitke choux taignaga.
g) Tõsta küpsetis ettevalmistatud küpsetusplaadile, moodustades 6-tollised pikad ekleerid.
h) Küpseta 25-30 minutit või kuni see on kuldpruun ja paisunud.
i) Eemaldage ahjust ja laske täielikult jahtuda.
j) Kuumuta keskmises kastrulis koort keemiseni.

k) Tõsta tulelt ning lisa šokolaadilaastud ja mandlivõi. Sega kuni šokolaad on sulanud ja segu ühtlane.
l) Lõika iga ékleeri põhja väike pilu ja toru keskele täidis.
m) Sulata väikeses kastrulis madalal kuumusel pidevalt segades šokolaaditükid, või ja maisisiirup ühtlaseks.
n) Kastke iga ékleeri ülaosa šokolaadiglasuuri sisse ja asetage restile tahenema.
o) Valikuline: puista peale viilutatud mandleid.

97.Šokolaad Éclairi batoonid

KOOSTISOSAD:

ÉCLAIRSI KOHTA:
- 15–20 vegan Grahami kreekerit, jagatud
- 3½ tassi mandlipiima või muud taimset piima
- 2 (3,4 untsi) pakki vegan-vaniljepudingu segu
- 3 tassi kookosevahukoort või poest ostetud

KATTEKS:
- ¼ tassi piimavaba šokolaaditükke
- 2 spl veganvõid, toatemperatuuril
- 1½ tassi tuhksuhkrut
- 3 spl mandlipiima või muud taimset piima
- 1 tl heledat maisisiirupit
- 1 tl vaniljeekstrakti

JUHISED:

TEE ECLAIRS:
a) Laota pooled kreekeritest 9x13-tollisele ahjupannile kihiti, vajadusel murdke pooleks.
b) Segage suures kausis piim ja kiirpudingi segu. Vahusta 2 minutit. Laske 2–3 minutit seista. Voldi vahukoor ettevaatlikult sisse, et mitte tühjendada, ja jaota ühtlaselt kreekerite kihile. Tõsta peale ülejäänud kreekerid ja pane külmkappi.

TEE KATTE:
c) Kuumakindlas klaaskausis, mis on asetatud 2–3 tolli keeva veega täidetud poti kohale, kuumutage šokolaadilaaste ja võid sageli segades, kuni need sulavad.
d) Sega juurde suhkur, piim, maisisiirup ja vanill.
e) Laota kreekerite kihile, kata ja pane vähemalt 8 tunniks külmkappi.
f) Serveerimiseks valmis lõika ruutudeks.

98.Šokolaadi Eclair kook

KOOSTISOSAD:
- 1 karp või terved grahami kreekerid
- 2 väikest karpi French Vanilla kiirpuding
- 3 tassi piima
- 18 untsi. konteiner Cool Whip
- 1 purk piimašokolaadi glasuuriga

JUHISED:
SEGU:
a) Kombineeri puding, piim ja Cool Whip. Sega kuni paksenemiseni.
KIHID:
b) Looge 9x13 panni põhja kiht grahami kreekereid.
c) Vala pool pudingusegust kreekerite peale.
d) Asetage segu peale veel üks kiht grahami kreekereid.
e) Vala ülejäänud pool segust Grahami kreekerite peale.
f) Lisage segu peale viimane kiht grahami kreekereid.
KRASTUS:
g) Määri kogu pind piimašokolaadi glasuuriga.
SUUR CILL:
h) Jahuta üleöö, et maitsed sulaksid ja magustoit hanguks.
i) Nautige!

99.Pistaatsia roosi Éclairi kook

KOOSTISOSAD:
CHOUX SAIA JAOKS:
- 1 tass vett
- 1/2 tassi soolamata võid
- 1 tass universaalset jahu
- 4 suurt muna

TÄIDISEKS:
- 2 tassi pistaatsia roosimaitselist saiakreemi

GLASUURI KOHTA:
- 1/2 tassi valget šokolaadi, tükeldatud
- 1/4 tassi soolamata võid
- Paar tilka roosivett või roosiekstrakti
- Purustatud pistaatsiapähklid (kaunistuseks)

JUHISED:
CHOUX KÜPSETIS:
a) Kuumuta ahi temperatuurini 375 °F (190 °C) ja vooderda küpsetusplaat küpsetuspaberiga.
b) Sega kastrulis vesi ja või. Kuumuta keskmisel kuumusel, kuni või sulab ja segu keeb.
c) Eemaldage tulelt, lisage jahu ja segage intensiivselt, kuni segu moodustab palli.
d) Lase tainal mõni minut jahtuda, seejärel lisa ükshaaval munad, iga lisamise järel korralikult kloppides.
e) Tõsta tainas torukotti ja toru éclair vormid ettevalmistatud küpsetusplaadile.
f) Küpseta umbes 30 minutit või kuni kuldpruunini. Lase jahtuda.

TÄITMINE:
g) Valmista pistaatsia roosimaitseline saiakreem. Kombineeri jahvatatud pistaatsiapähklid ja vihje roosivett või roosiekstrakti klassikalises kondiitrikreemi retseptis või kasuta eelnevalt valmistatud pistaatsia roosimaitselist saiakreemi.
h) Täida ekleerid kotti või väikest lusikat kasutades pistaatsiaroosimaitselise kondiitrikreemiga.

GLASE:

i) Kuumakindlas kausis sulata valge šokolaad ja või kahekordse katla kohal.
j) Eemaldage tulelt, lisage paar tilka roosivett või roosiekstrakti ja segage ühtlaseks massiks.
k) Kastke iga ékleeri ülaosa valge šokolaadi glasuuri sisse, tagades ühtlase katvuse. Laske üleliigsel maha tilkuda.
l) Puista glasuuritud ekleeridele kaunistuseks purustatud pistaatsiapähklid.
m) Aseta glasuuritud ekleerid külmkappi, et glasuur hanguks.
n) Serveeri jahutatult ja naudi ainulaadset pistaatsia ja roosi maitse kombinatsiooni Pistachio Rose Éclairi koogis!

100. Maple Bacon Éclair Bites

KOOSTISOSAD:

CHOUX SAIA JAOKS:
- 1 tass vett
- 1/2 tassi soolamata võid
- 1 tass universaalset jahu
- 4 suurt muna

TÄIDISEKS:
- 2 tassi vahtramaitselist saiakreemi
- (Kombineerige vahtrasiirup või vahtraekstrakt klassikalises kondiitrikreemi retseptis või kasutage eelnevalt valmistatud vahtramaitselist kondiitrikreemi.)

PEKONIKATTE JAOKS:
- 1/2 tassi keedetud ja purustatud peekonit

VAHTRAGLAASI KOHTA:
- 1/2 tassi vahtrasiirupit
- 1/4 tassi soolamata võid
- 1 tass tuhksuhkrut

JUHISED:

CHOUX KÜPSETIS:
a) Kuumuta ahi temperatuurini 375 °F (190 °C) ja vooderda küpsetusplaat küpsetuspaberiga.
b) Sega kastrulis vesi ja või. Kuumuta keskmisel kuumusel, kuni või sulab ja segu keeb.
c) Eemaldage tulelt, lisage jahu ja segage intensiivselt, kuni segu moodustab palli.
d) Lase tainal mõni minut jahtuda, seejärel lisa ükshaaval munad, iga lisamise järel korralikult kloppides.
e) Tõsta tainas torukotti ja piibu ekleerid ettevalmistatud küpsetusplaadile.
f) Küpseta umbes 30 minutit või kuni kuldpruunini. Lase jahtuda.

TÄITMINE:
g) Valmista vahtramaitseline saiakreem. Kombineeri vahtrasiirup või vahtraekstrakt klassikalises kondiitrikreemi retseptis või kasuta eelnevalt valmistatud vahtramaitselist kondiitrikreemi.
h) Täida ekleerid vahtramaitselise kondiitrikreemiga, kasutades torukotti või väikest lusikat.

PEEKONIKATE:

i) Küpseta peekon krõbedaks, seejärel murenda see väikesteks tükkideks.
j) Puista murendatud peekonit ohtralt täidetud ekleeridele, tagades ühtlase katvuse.

VAHTRAGLAAŽ:

k) Sega potis vahtrasiirup ja või. Kuumuta keskmisel kuumusel, kuni segu on ühtlane.
l) Eemaldage tulelt, lisage tuhksuhkur ja segage, kuni glasuur on hästi segunenud.
m) Nirista vahtraglasuuri peekoniga kaetud ekleeridele, tagades ühtlase katvuse.
n) Serveeri jahutatult ning naudi Maple Bacon Éclair Bitesi magusat ja soolast maitset!

KOKKUVÕTE

Kui lõpetame oma ülimaitsva teekonna läbi "TÄIELIK PRANTSUSE ÉCLAIRSI JUHEND", loodame, et olete kogenud éclairi meisterdamise kunsti valdamise ja nende prantsuse võlude loomise rõõmu oma köögis. Iga nendel lehtedel olev retsept tähistab täpsust, elegantsi ja mõnutunnet, mille éclairs teie lauale toovad – see annab tunnistust rahulolust, kui saavutate kodus pagaritoodete kvaliteeti.

Olenemata sellest, kas olete maitsnud klassikalisi šokolaadi-ekleere, katsetanud puuviljadega täidetud variatsioone või täiustanud siidise kondiitrikreemi kunsti, usume, et need retseptid ja tehnikad on inspireerinud teid ekleeride maailma enesekindlalt omaks võtma. Lisaks koostisosadele ja sammudele võib Prantsuse ekleeride valmistamise idee saada uhkuse, loovuse ja rõõmu allikaks, kui jagate neid suurepäraseid maiustusi pere ja sõpradega.

Kui jätkate oma kulinaarset teekonda, olgu "TÄIELIK PRANTSUSE ÉCLAIRSI JUHEND" teie usaldusväärne kaaslane, pakkudes teile teadmisi ja inspiratsiooni mitmesuguste éclaire'ide loomiseks, mis tutvustavad teie oskusi ja toovad teie koju Pariisi võlu. Siin on éclair'i meisterdamise kunsti valdamine ja magusate edu hetkede nautimine – head isu!

www.ingramcontent.com/pod-product-compliance
Lightning Source LLC
Chambersburg PA
CBHW071302110526
44591CB00010B/744